개념 잡는 수학툰

13 정비례와 반비례에서 우주 팽창과 보일의 법칙까지

정완상 지음 | 김연주 그림

13 정비례와 반비례에서 우주 팽창과 보일의 법칙까지

개념 잡는
수학툰

중학교에서도 통하는 초등수학

전)전국수학
교사모임
이동흔 회장
추천 도서

성림주니어북

개념 잡는 수학툰 이렇게 구성되었어요!

판타지 만화로 재미까지 잡는 〈수학툰〉
저자만의 톡톡 튀는 아이디어가 가장 잘 살아있는 꼭지인 수학툰!
어려울 수 있는 수학, 이렇게 재미있게 시작할 수 있습니다.

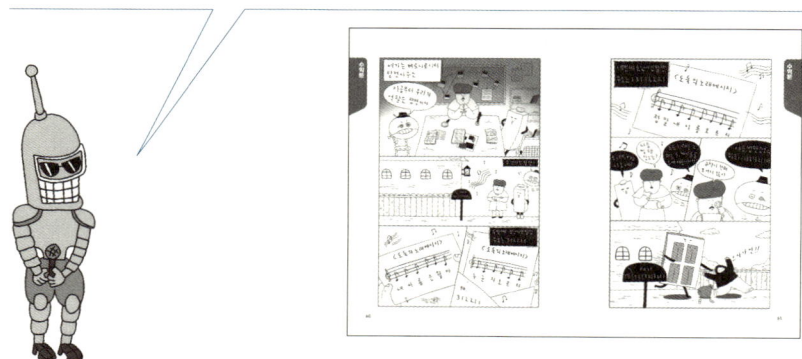

초·중·고 수학 교과서와 함께 봐요!
초·중·고 수학 교과서는 서로 그 흐름이 연결됩니다. 이 책은 초·중·고 수학 교과서의 흐름을 한눈에 살펴볼 수 있도록 구성했습니다.

잘 이해했는지 다시 한번 정리하는 〈개념 정리 QUIZ〉

본문에 나오는 내용을 잘 이해했는지 〈개념 정리 QUIZ〉를 직접 풀어 보고, 부록에 실린 정답 페이지에서 풀이 과정까지 자세히 살펴볼 수 있습니다.

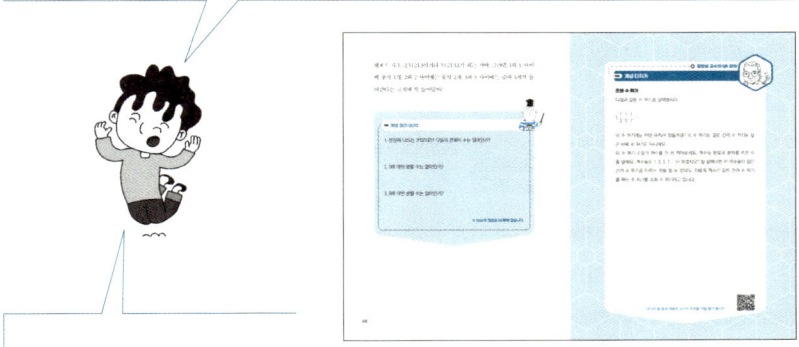

저자 직강 동영상 강좌 연계 〈정완상 교수의 QR 강의 개념 다지기〉

저자가 이 책의 독자들만을 위해 직접 강의한 동영상을 QR코드를 탑재해 연결되도록 구성했습니다. 재미 잡는 수학툰, 풍부한 삽화로 이해를 돕는 본문, 다시 한번 정리하는 개념 정리 QUIZ에 이어 저자 직강 동영상 강좌를 QR코드로 만나 보세요.

초·중·고 수학 교과서 속 용어가 어려울 땐 이 책에서 연계 용어로 찾아보세요!

이 책에서는 초·중·고 수학 교과서 속 어려운 용어들을 독자들이 이해하기 쉬운 용어로

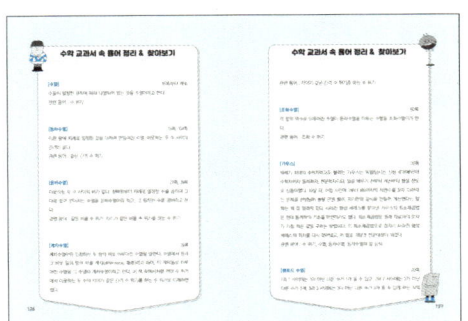

풀어 썼습니다. 교과서와 자연스럽게 연계가 되도록 용어 정리와 찾아보기 페이지를 함께 두었습니다. 수학 교과서로 공부를 하다가 이해가 잘 안 될 때, 이 책을 읽다가 교과서 속 용어가 궁금할 때는 〈수학 교과서 속 용어 정리 & 찾아보기〉에서 쉽게 찾아보세요.

정완상 교수의
개념 잡는 수학툰

13 정비례와 반비례에서 우주 팽창과 보일의 법칙까지

초·중·고 수학 교과서와 함께 읽어요

초등학교 수학	6학년 비와 비율
중학교 수학	2학년 일차함수와 그 그래프
고등학교 수학	수학(하) 함수

CONTENTS

추천사 1 수학과 삶이 이어지는 경험이 되기를 ··· 14
추천사 2 이 책은 새로운 수학 공부 방식을 선물해 줍니다 ··· 16
추천사 3 문장제 문제에 약한 친구들도 빠져드는 수학툰 ··· 20
서문 수학은 아름답고 재미있는 과목입니다 ··· 23
프롤로그 ··· 26

GAME 1
정비례

야구공 한 개에 1,000원, 세 개에 3,000원일 때 야구공의 개수와 값의 관계는? ··· 33
정비례

한 시간에 60km를 갈 수 있는 자동차가 이동한 거리와 시간의 관계는? ··· 35
정비례의 예

정비례의 관계식을 찾아라 ··· 37
정비례 응용문제

개념 정리 QUIZ ··· 40
정완상 교수의 QR강의 **개념 다지기** ··· 41
정비례 심화 문제

 비와 비율

GAME 2
반비례

여러 명이 나눠 먹는 우유가 더 맛있다? ··· 47
반비례

직사각형의 넓이 공식과 반비례의 관계 ··· 49
반비례의 예

반비례의 관계식을 찾아라 ··· 51
반비례 응용문제

개념 정리 QUIZ ··· 53
정완상 교수의 QR강의 **개념 다지기** ··· 54
반비례 심화 문제

초 비와 비율

GAME 3
함수

불에 탄 양초의 길이와 시간의 관계 … 61
함수

열기구 타고 하늘로 올라가면 추워진다고? … 65
함수의 활용 문제

집합과 함수 … 67
함수의 정확한 의미

세 종류의 함수 … 71
단사함수, 전사함수, 전단사함수

개념 정리 QUIZ … 75
정완상 교수의 QR강의 **개념 다지기** … 76
함수의 활용

 일차함수와 그 그래프
 함수

GAME 4
신기한 함수

x^2으로 나타내는 복잡한 함수 ··· 83
이차함수

함수에 따른 직선 그래프와 곡선 그래프 ··· 84
함수와 그래프

수학자 가우스가 가우스에 의한 가우스를 위한 함수? ··· 85
가우스 함수

개념 정리 QUIZ ··· 89
정완상 교수의 QR강의 **개념 다지기** ··· 90
반올림과 가우스 함수

중 일차함수와 그 그래프
고 함수

GAME 5
생활 과학

귀뚜라미 울음소리로 온도를 어떻게 알았지? … 95
돌베어의 법칙

미국 여행을 가려면 온도계 읽는 법을 배워야 해 … 97
화씨온도와 섭씨온도

마트에 가서 과자도 사고 포인트도 적립 해볼까? … 99
함수를 이용하는 예시

개념 정리 QUIZ … 101
정완상 교수의 QR강의 **개념 다지기** … 102
산 위의 온도

 비와 비율
 일차함수와 그 그래프
 함수

GAME 6
우주팽창 보일의 법칙, 허블의 법칙

풍선 속에 공기를 모아봐 ⋯ 107
반비례와 보일의 법칙

우주가 팽창한다고? ⋯ 108
정비례와 허블의 법칙

개념 정리 QUIZ ⋯ 113
정완상 교수의 QR강의 **개념 다지기** ⋯ 114
샤를의 법칙

 비와 비율
 일차함수와 그 그래프
함수

GAME OVER
부록

수학자에게서 온 편지 ··· 116
보일

논문 ··· 121
낙하 거리를 시간의 함수로 나타내는 방법

개념 정리 QUIZ 정답 ··· 126
용어 정리 & 찾아보기 ··· 132

| 추천사 1 |

수학과 삶이 이어지는 경험이 되기를

세상은 무엇으로 만들어져 있을까요? 고대 철학자들은 세상을 구성하는 물질에 관심이 많았습니다. 탈레스는 모든 것이 물에서 시작된다고 보았고, 아리스토텔레스는 세상이 물, 불, 흙, 공기로 구성된다고 보았습니다. 오늘날 사람들의 눈에는 고대 철학자들의 생각이 터무니없어 보일 수도 있을 것입니다. 그렇다고 고대 철학자들의 이런 생각이 헛된 것일까요? 비록 정확하지 않았더라도 세상의 본질을 밝히고자 했던 그들의 노력, 탐구 의식은 높이 평가해야 할 것입니다.

저는 학생들이 고대 철학자와 같은 마음으로 수학을 보면 좋겠습니다. 일상생활에서 마주하는 현상들을 수학적으로 탐구한다면 어떨까요? 학생들이 생활하는 교실 안에서도 많은 수학적 원리를 발견하게 될 것입니다. 행과 열로 이루어진 학급 자리 배치에서 '행렬'을 발견할 수 있고, 자리를 바꾸는 날 새로운 짝꿍을 만나는 데에도 '확률'을 생각하게 될 것입니다. 학급 모둠원을 구성하는 데에서 '나눗셈'을 떠올릴 수 있고, 학급 친구들을 특성에 따라 분류하면서 '집합'의 개념도 이해할 수 있을 것입니다. 이처럼 학생들이 수학을 세상을 보는 '눈'으로 생각한다면, 수학은 단순한 문제 풀이의 도구가 아니라 삶의 재미있는 법칙을 찾아내는 유용한 학문으로 인식될 수 있을 것입니다.

이 책은 세상을 수학적으로 볼 수 있는 '눈'을 키워 줄 책입니다. 학년마다 단편적으로 학습했던 수학적 지식을 '주제'별로 통합하여 연결함으로써, 수학적 개념이 학생들의 삶과 이어지게 하였습니다. 학생들은 책 속의 이야기와 상황에 몰입하면서 수학적 개념과 원리를 재미있게 경험할 것입니다. 이 책은 수학을 어려워하는 학생에게는 수학에 대한 기분 좋은 경험이 되어 줄 것이고, 수학을 좋아하는 학생에게는 수학의 가치를 발견하는 기회가 되어 줄 것입니다. 이 책을 통해 많은 학생들이 수학과 삶을 잇는 경험을 쌓고, 수학을 사랑하는 마음을 키워 가기를 기대해 봅니다.

이운영, 조치원대동초등학교 교사

| 추천사 2 |

이 책은 새로운 수학 공부 방식을 선물해 줍니다

수학을 한다는 것은 눈에 보이는 것에서 눈에 보이지 않는 가치를 찾아, 유의미한 연결성을 찾아가는 놀이를 하는 것과 같습니다. 과거에는 자연에서 그것을 찾았고, 현대 사회로 넘어오면서 인간이 만든 사물과 추상에서 그 가치를 찾았지만, 오늘날엔 인간이 만든 추상물 사이의 관계성을 통해 유의미한 가치를 찾곤 합니다. 우리는 컴퓨터 언어로 컴퓨터를 통제하고 컴퓨터 언어로 세상의 모든 정보 자료를 해석합니다. 인간의 산물로 인간의 산물을 통제하는 도구로 수학이 활용되고 있습니다. 우리는 이 과정을 코딩이라 명하지만, 사실 수학적 알고리즘을 찾아가는 형식 놀이에 불과합니다. 결국, 우리가 수학을 가르친다는 것은 우리 사회가 합의한 형식 언어, 기호 언어, 그림 언어로 세상의 사물과 사물을 연결하는 유의미한 관계 놀이를 구성할 방법을 찾게 할 힘을 가르치는 것에 있습니다.

이 시리즈는 첫 권부터 마지막 권이 완결되는 순간까지 온갖 관계의 놀이를 즐기고 있습니다. 이 놀이는 복잡한 형식 언어를 다루는 방식이 아니라, 수학 활동을 힘들어하는 사람들도 행할 수 있는 매우 단순한 사고의 형식을 활용해 복잡한 형식을 관찰하는 힘을 찾는 것에 있습니다. 그런 면에서 개념 잡는 수학툰 시리즈는 몇 가지의 장점을 갖고 있습니다.

학년별로 쪼개진 초·중·고 수학의 주제를 연결한 개념서이다

어린 시절에 배운 수학적 가치는 어렵지 않게 다가갈 수 있기에, 그 개념을 잘 가지고 놀 수 있다면, 더 높은 수준의 개념도 쉽게 가지고 놀 힘을 얻게 됩니다. 따라서 초등학교 저학년의 수학 이론을 활용해 고학년의 수학 이론을 관찰할 수 있다면, 쉬운 개념을 복잡한 개념을 이해할 수 있음을 의미합니다. 이 책은 그런 면에서 매우 흥미로운 책입니다.

문제와 수, 식을 다루는 다른 책들과 다르게, 이 책은 그림을 다룬다

현대 사회는 인간의 오감 중 시각이 가장 발달한 사회입니다. 거의 대부분의 사람들은 TV와 휴대 전화 속 영상물의 홍수 속에 살아갑니다. 문자 언어를 이해하는데 걸리는 시간보다 그림 언어를 이해하는데 걸리는 시간이 더 짧을 뿐만 아니라, 그런 형식의 이해가 더 잘되도록 진화해 가는 시대에 살고 있습니다. 이 책은 만화와 그림을 통해 복잡한 추상체를 이해가 쉬운 그림 언어로 바꿔 학습자에게 다가갑니다. 이 작은 변화가 학습자로 하여금 수학을 가볍게 다룰 용기를 주곤 합니다.

이 책은 수학을 일상생활 속에서 찾을 수 있는,
일상의 학문으로 바라보게 한다

인류와 충분히 가까이 있었던 수학이 점점 멀게 느껴지는 것 같습니다. 하지만 이 책은 생활 속 요소요소에 녹아 있는 수학의 개념들을 발견해 아이들에게 그림 형식으로 전수하며 수학을 딱딱하고 어려운 그 무엇으로 느끼지 않고 친밀한 대상으로 여길 수 있도록 현실감 있게 학습 소재를 연결해 줍니다. 이 작은 현실적 연결감이 수학을 일상의 삶에서 찾을 수 있는 일상의 학문으로 바라보게 합니다.

저자만의 관점으로 수학 개념을 설명해 주는
전혀 새로운 형식의 수학 개념서이다

모든 사람은 자기 나름의 관점과 시선이 있습니다. 이 시선이 세상을 바라보는 자신만의 가치를 만들곤 합니다. 학창 시절 수학을 좋아하긴 했지만 수학적 원리나 개념들을 거의 암기로 외웠기에 잘 이해하지 못했던 것들이 있어 늘 질문을 하고 살았던 저자의 삶이 고스란히 배어 있는 책입니다. 이 책을 보면, 수학이 이토록 흥미로운 과목이었음을 알게 되고 학교에서 배우는 수학 교과서도 다른 눈으로 바라볼 힘을 얻게 됩니다.

이 책을 통해 독자들이 다음과 같은 가치들을 발견해 보길 소망해 봅니다.

자연에서 수학을 찾을 수 있음을 안다.
인간이 만든 구체물에서 수학을 찾을 수 있음을 안다.
인간이 만든 추상물에서 수학이 있음을 안다.
서로 다른 대상을 연결하는 과정에 수학이 있음을 안다.
인간이 만든 눈에 보이지 않는 대상에서도 수학이 있음을 안다.

수학이 지루하고 어려운 과목이라는 편견을 깬 '개념 잡는 수학툰'을 아이들에게 추천합니다. 아이들은 이 시리즈의 책들을 읽으며, 수학의 재미에 푹 빠져 헤엄치는 자신을 발견하게 될 것입니다. '수학적으로 생각하는 힘'을 길러주는 것이 중요하다고 생각한다면, 바로 이 시리즈의 책들을 추천합니다.

이동흔, 전) 전국수학교사모임 회장

| 추천사 3 |

문장제 문제에 약한 친구들도 빠져드는 수학툰

수학 문장제 문제를 어려워하는 친구들이 생각보다 많습니다. 과거의 초등수학은 정해진 답을 맞히는 것이 목적이었다면, 이제는 알고 있는 지식을 새롭게 창조해 낼 줄 아는 능력을 중요시하는 추세입니다. 서술형 문제인 문장제 문제는 실생활과 관련된 수학적 상황을 인지하고 해결해 나가는 과정을 통해 문제 해결력을 키우기에 꽤 효과적입니다. 하지만 문자보다 영상이나 그림 등에 익숙한 요즘의 친구들은 읽고 이해해야 할 것이 많은 수학 문장제, 즉 서술형 문제를 스스로 읽는 것부터 어려워합니다.

 이 책은 이런 친구들도 직접 정완상 교수님의 수업을 듣는 듯한 착각이 들 정도로 몰입할 수 있게 하는 여러 가지 요소들이 잘 갖춰져 있습니다. 또 저자는 친구들이 궁금해할 만한 상황을 정확히 알고 있고 이를 명쾌하게 해결해 줍니다. 이 책을 읽는 동안 수학을 잘하는 친구들은 수학에 더 재미를 붙일 수 있을 것이고, 스스로를 수포자라고 생각했던 친구들은 자기도 모르게 수학 실력이 향상되는 마법 같은 경험도 할 수 있을 것입니다.

이 책은 문장제 문제에 약한 주인공 코마의 질문과 상상이 글의 흐름을 재미있게 이끌어 줘서 책을 읽는 동안 초·중·고 수학 교과의 중요한 영역인 각 주제들에 대해 어느새 깊이 빠져듭니다. 중간중간 삽입된 시공간을 넘나드는 만화 형식의 판타지 수학툰은 단원의 흐름을 재미있게 이끌고 있어 친구들의 호기심을 증폭시킵니다. 가볍게 술술 읽히지만 꼭 알아야 할, 수학 탐구 주제에 바로 적용할 수 있는 신비롭고 재미있는 이야기들이 가득 담긴 책입니다.

마지막으로 서문에서 밝힌 정완상 교수님의 말씀처럼 이 책을 읽는 모든 학생들의 어린 시절이 세계적인 수학자의 어린 시절이 되기를 저 또한 희망합니다.

박정희, 매쓰몽 대치본원 대표

| 서문 |

수학은 아름답고 재미있는 과목입니다

QR코드를 통해
정완상 교수의 강의를
직접 들어 봅시다.

수학은 아름답고 재미있는 과목입니다. 이 아름다운 과목은 첫발을 잘못 들이면 이 세상에서 제일 싫어하는 과목이 되기도 합니다. 대신에 어린 시절부터 재미있는 수학책을 접해 수학의 재미를 느끼게 되면 수학을 좋아하게 되고, 따라서 수학에 대한 자신감을 가지게 되지요.

이 책은 그런 의도로 기획되었습니다. 수학을 좋아하는 초등학생들과 수학이 재미없어지기 시작한 청소년들을 위해 주제별로 수학이 재미있는 것이라는 것을 알려 주는 것이 이 책의 가장 큰 목적입니다. 그러기 위해 중학교나 고등학교에서 배우는 내용이나 그 이상의 수학 내용도 초등학생이 소화할 수 있도록, 초등학생이 이해할 수 있는 단어로 설명했습니다. 이 책은 만화로 구성된 수학툰이 전체 이야기를 이끌어 가는 구성입니다. 그래서 독자들이 재미있는 스토리를 통해 수학의 중요한 개념을 이해할 수 있을 것이라 생각합니다.

수학자들은 매우 논리적인 사람들이면서 동시에 엉뚱한 생각을 많이 하는 사람들입니다. 엉뚱한 생각을 논리적으로 접근하면 이 세상 누구도 본 적이 없는 새로운 수학의 세계로 사람들을 초대합니다. 이 책에 등장하는 함수에 대한 이론을 만든 수학자들 역시 그러합니다.

정비례와 반비례에 대한 재미있는 이야기들이 이 책에 들어있습니다. 함수의 뜻과 함수의 활용에 대해서도 자세하게 다루었습니다. 생활 속의 함수의 예로서 귀뚜라미의 울음소리를 통해 온도를 알아내는 방법도 다루었습니다. 함수의 과학에서의 예를 두 가지 다루었습니다. 기체의 압력과 부피가 반비례한다는 보일의 법칙과 은하가 우리은하로부터 멀어지는 속도가 두 은하 사이의 거리에 정비례한다는 허블의 법칙을 담아 보았습니다. 제가 이 책에서 함수와 과학과의 관계를 선보인 이유는 여러분들도 여러분들만의 함수를 이용해 재미있는 연구를 할 수 있는 훌륭한 수학자나 이론 물리학자가 되기를 바라는 마음에서입니다.

이 책은 초등학교, 중학교, 고등학교 교과서의 다음 내용들과 연결됩니다.

초등학교: 비와 비율
중학교: 일차 함수와 그 그래프

고등학교: 함수

이 책에 소개된 정비례 반비례 함수에 대한 내용을 통해, 여러분들이 함수의 신비로움과 함수가 어떻게 과학을 바꿀 수 있는지를 배우기를 바랍니다. 이를 통해 여러분들도 비율을 이용한 새로운 과학이론을 만들어 보기 바랍니다.

여러분들의 어린 시절이, 이 책을 통해 세계적인 수학자의 어린 시절이 되기를 희망합니다.

경상국립대학교 정완상 교수

캐릭터 소개

수학보다 화가가 되고 싶은 아이

언제 어디서든 스마트폰과 터치펜만 있으면 그림을 그리는 말괄량이 초등 6학년이다. 놀기만 좋아하고 공부는 싫어하는 꼬미는 수학 시간에 졸다가 선생님에게 혼나고 청소 벌칙을 받았다. 꼬미는 청소 벌칙도 안 하고 수학영재로 거듭날 수 있을까?

꼬미

만능 수학 마법사

꼬미의 고민을 해결하기 위해 변신한 마법 터치펜이다. 여러 가지 모양으로 변신할 수 있고 시간과 공간의 이동은 물론, 어디든 로켓처럼 빠르게 날아갈 수 있다. 특히 수학에 대해서는 모르는 것이 없는 만능 수학 마법사이다.

매쓰펜슬

스마트폰 몬스터

꼬미의 분신과도 같았던 스마트폰이 변신한 몬스터. 특히 얼굴 화면으로 시공간을 초월한 통신 기능을 탑재해 어떤 상황에서도 인터넷과 자료 검색을 할 수 있다. 또 머리에는 프린터 기능이 있어서 자료 출력도 가능하다. 매쓰펜슬과 마찬가지로 다양한 모습으로 변신할 수 있고 마법의 기능도 갖추고 있다.

스마통

엉뚱하고 머리 나쁜 방해꾼

무슨 일이든 방해해야 직성이 풀리는 몬스터로 머리에 지우개가 붙어 있다. 꼬미가 수학영재가 되는 것을 끊임없이 방해하고 딴지를 건다. 마법을 사용하고 시공간 이동을 할 수 있지만 매쓰펜슬에 비해 능력이 낮다.

수시로스

GAME 1

정비례

이 단원에서는 정비례에 대해 설명한다. 정비례는 두 개의 양이 있을 때 하나의 양이 1배, 2배, 3배로 늘어날 때 다른 양도 1배, 2배, 3배로 늘어나는 것인데, 여기서는 야구공을 구매할 때 지불하는 금액에 따라 살 수 있는 야구공의 개수가 늘어나는 관계와 자동차의 속도에 따라 늘어나는 갈 수 있는 거리 등 생활 속의 여러가지 정비례에 관한 예를 다루고 있다.

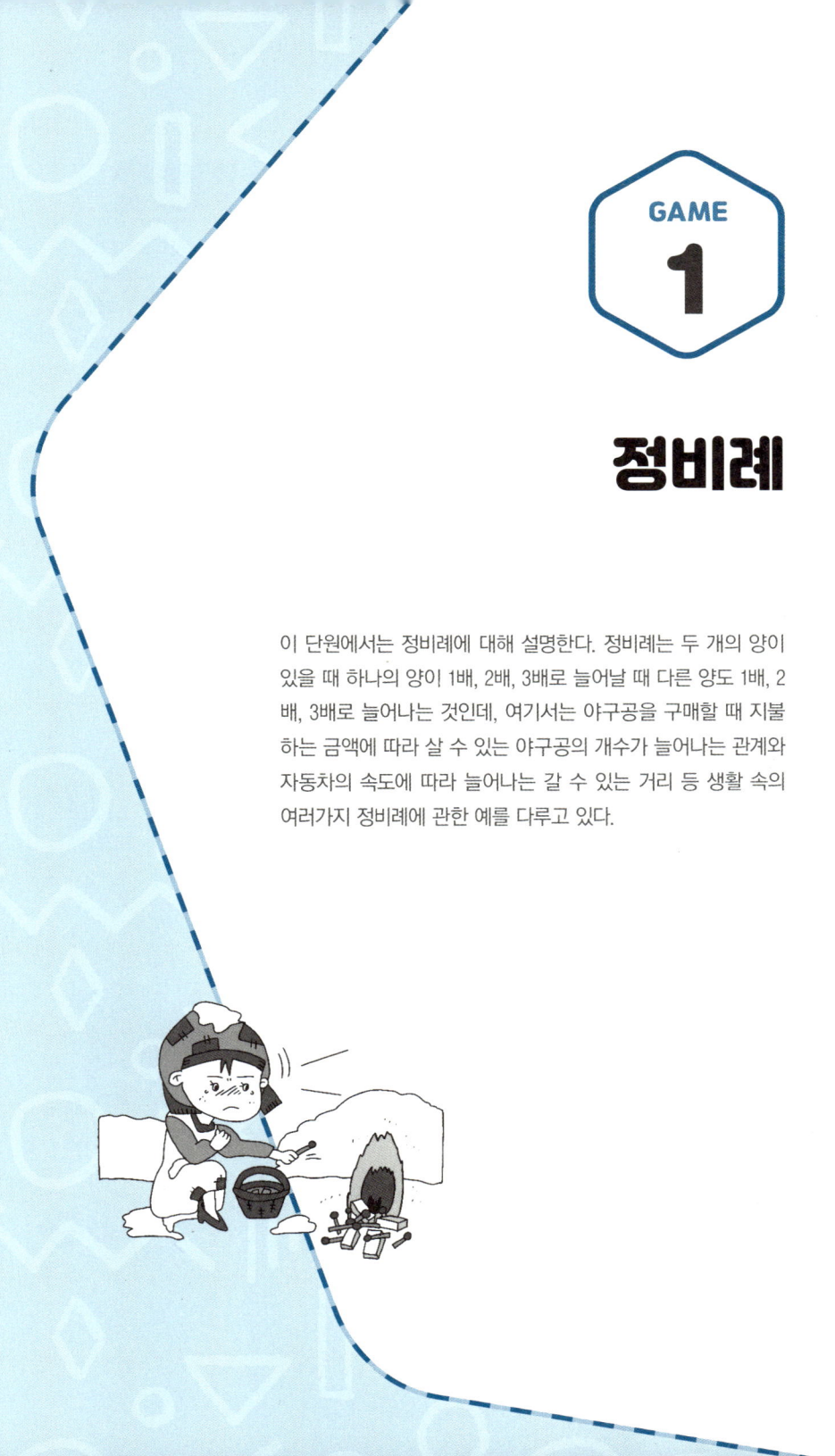

야구공 한 개에 1,000원, 세 개에 3,000원일 때 야구공의 개수와 값의 관계는?
정비례

매쓰펜슬 오늘 얘기는 정비례 이야기야.

꼬미 정비례가 뭐지?

매쓰펜슬 x와 y사이에 어떤 관계가 있으면 둘 사이를 정비례라고 해.

꼬미 어떤 관계?

매쓰펜슬 x가 1배, 2배, 3배, ……로 변하고 y도 1배, 2배, 3배, ……로 변할 때 x는 y에 정비례한다 또는 비례한다고 말해. y가 x에 정비례하면 다음과 같이 써.

$$y = a \times x$$

이때 문자와 문자의 곱셈기호는 생략할 수 있어. 그러니까 다음과 같이 쓰면 돼.

$$y = ax$$

이때 a를 비례상수라고 불러.

스마통 복잡하네.

매쓰펜슬 예를 들어 볼게. 네가 야구공을 산다고 하자. 야구공 하나의 가격이 1,000원이라고 해봐. 지불금액은 1개를 사면 1,000원, 2개를 사면 2,000원, 3개를 사면 3,000원이 되잖아?

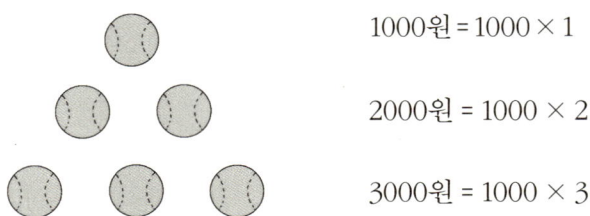

1000원 = 1000 × 1

2000원 = 1000 × 2

3000원 = 1000 × 3

이때 야구공의 개수를 x라고 해봐. 그리고 지불금액을 y원이라고 하면 다음과 같이 표로 나타낼 수 있어.

x (개)	1	2	3
y (원)	1000	2000	3000

이때 x, y의 관계는 다음과 같이 쓸 수 있지.

$y = 1000 \times x$

또는

$y = 1000x$

스마통 숫자와 문자의 곱에서도 곱셈기호를 생략할 수 있구나.

매쓰펜슬 물론. 그러니까 야구공의 개수 x가 1배, 2배, 3배, ……로 변했을 때 지불금액 y도 1배, 2배, 3배, ……로 변하지? 그러니까 야구공 구매에 따른 지불금액은 야구공의 개수에 정비례한다는 것을 알 수 있어.

스마통 비례상수는 1000이군.

매쓰펜슬 오케이. 그렇다면 여기서 문제! $y = \dfrac{1}{1000}x$일 때 비례상수는?

꼬미 $\dfrac{1}{1000}$

매쓰펜슬 맞았어. 어때? 간단하지?

한 시간에 60km를 갈 수 있는 자동차가 이동한 거리와 시간의 관계는?
정비례의 예

스마통 정비례의 예를 들어줘.

매쓰펜슬 간단한 문제로 예를 들어 볼게. 어떤 자동차가 한 시간에 60km를 갈 수 있어. 이때 이 자동차가 x시간 동안 간 거리를 y(km)라고 하면 y와 x의 관계는 어떻게 되지?

스마통 한 시간에 60km, 두 시간에 2×60km, 세 시간에 3×60km를 가니까, x시간 동안은 $x \times 60$km를 가게 되네.

꼬미 x시간 동안 간 거리를 y(km)라고 했으니까 다음과 같이 나타낼 수 있지.

$y = x \times 60$

또는

$y = 60x$

그러니까 y는 x에 정비례해.

스마통 비례상수는 60이네.

매쓰펜슬 퍼펙트. 거리와 시간은 정비례 관계야. 이때 비례상수는 속력이 되지. 자! 그럼 정비례의 관계를 하나씩 찾아봐.

꼬미 내가 먼저 할게. 난 밑변의 길이가 x(cm)이고 높이가 6cm인 삼각형의 넓이를 y(cm^2)이라고 두고 이들의 관계를 알아볼게. 삼각형의 넓이는 밑변의 길이와 높이를 곱해서 2로 나눈 값이므로 식으로 나타내면 다음과 같아.

$y = \dfrac{1}{2} \times x \times 6$

그러니까 다음과 같은 결과를 알 수 있지.

$y = 3x$

y는 x에 정비례하고 비례상수는 3이야.

매쓰펜슬 엑셀런트! 이번엔 스마통.

스마통 나는 농도가 20%인 소금물 x(g)에 포함된 소금의 양을 y(g)이라고 두었어.

꼬미 복잡한데.

스마통 간단해. 소금물의 농도는 다음과 같이 정의돼.

$$(\text{농도}) = \dfrac{(\text{소금의 양})}{(\text{소금물의 양})} \times 100$$

꼬미 100은 왜 곱하지?

스마통 퍼센트로 나타내려고. 그러니까 농도가 20%인 소금물 x(g)에 포함된 소금의 양을 y(g)이라고 하면 다음과 같아.

$20 = \dfrac{y}{x} \times 100$

꼬미 이건 정비례식이 아니잖아?

스마통 이 식의 양변에 x를 곱해봐. 다음과 같아.

$20x = 100y$

여기서 양변을 100으로 나누면 다음과 같은 결과를 알 수 있지.

$y = 0.2x$

꼬미 y는 x에 정비례하는군. 비례상수는 0.2가 되네.

매쓰펜슬 두 사람 모두 엑셀런트.

정비례의 관계식을 찾아라
정비례 응용문제

매쓰펜슬 이제 정비례에 관해 조금 어려운 문제를 해결해볼까?

꼬미 어떤 문제든 자신 있어.

매쓰펜슬 다음 표를 봐.

x	2	B	6	8
y	A	16	C	32

〈꼬미〉 뭘 나타내는 거지?

〈매쓰펜슬〉 이 표는 y가 x에 정비례할 때의 대응표야. 여기서 A, B, C를 구해봐.

〈스마통〉 y가 x에 정비례하므로 다음과 같이 둘 수 있어.

$y = ax$

〈꼬미〉 그럴 필요 없어. $x = 8$일 때 $y = 32$가 되니까 y는 다음과 같아.

$y = 4x$

〈매쓰펜슬〉 두 사람 모두 잘 풀었어. 하지만 꼬미가 계산한 방식이 훨씬 더 좋다고 생각해. 왜냐하면 정비례의 비례상수를 바로 계산할 수 있거든.

〈스마통〉 인정.

〈꼬미〉 그럼 먼저 A의 값을 구해볼게. 표에서 A는 y값이고 여기에 대응하는 x의 값은 2야. 그러니까 $x=2$일 때의 y값 A는 다음의 식으로 구할 수 있어.

$A = 4 \times 2 = 8$

〈스마통〉 B의 값은 내가 해볼게. $x = B$일 때 $y = 16$이니까 다음 식으로 나타낼 수 있지.

$16 = 4B$

그러므로 B는 다음과 같아.

$B = 4$

> **꼬미** C는 $x=6$일 때의 y값이니까 다음과 같지.

$C = 4 \times 6 = 24$

애쓰펜슬 퍼펙트!

개념 정리 QUIZ

1. 자전거가 한 시간에 10km를 갈 수 있다. 이때 이 자전거가 x시간 동안 간 거리를 y(km)라고 할 때 y와 x의 관계는?

2. 가로가 3cm, 세로가 $x$cm인 직사각형의 넓이를 $y$cm^{2}이라고 할 때 y와 x의 관계는?

3. 둘레의 길이가 $x$cm인 정육각형의 한 변의 길이 $y$cm라고 할 때 y와 x의 관계는?

※ QUIZ의 정답은 126쪽에 있습니다.

정완상 교수의 QR 강의

개념 다지기

정비례 심화 문제

y가 x에 정비례하고 $x=4$일 때 $y=16$이라고 합시다. 이때 y와 x의 관계를 구해보세요.

y가 x에 정비례하므로

$y = ax$

라고 놓을 수 있습니다.

여기에 $x=4$, $y=16$을 대입하면

$16 = a \times 4$

가 되고, 이 방정식을 풀면

$a = 4$

가 됩니다. 그러므로 y와 x의 관계는

$y = 4x$

이지요.

QR코드를 통해 정완상 교수의 강의를 직접 들어 봅시다.

GAME 2

반비례

이 단원에서는 반비례에 대해 설명한다. 반비례란 두 개의 양이 있을 때 하나의 양이 1배, 2배, 3배로 늘어날 때 다른 양이 1배, $\frac{1}{2}$배, $\frac{1}{3}$배로 변하는 것을 말한다. 여기서는 정해진 양의 우유를 여러 명이 나눠 마실 때 한 명이 마실 때 우유의 양, 두 명이 마실 때 우유의 양을 알아보는 등 생활 속의 여러 가지 반비례의 예를 다룬다.

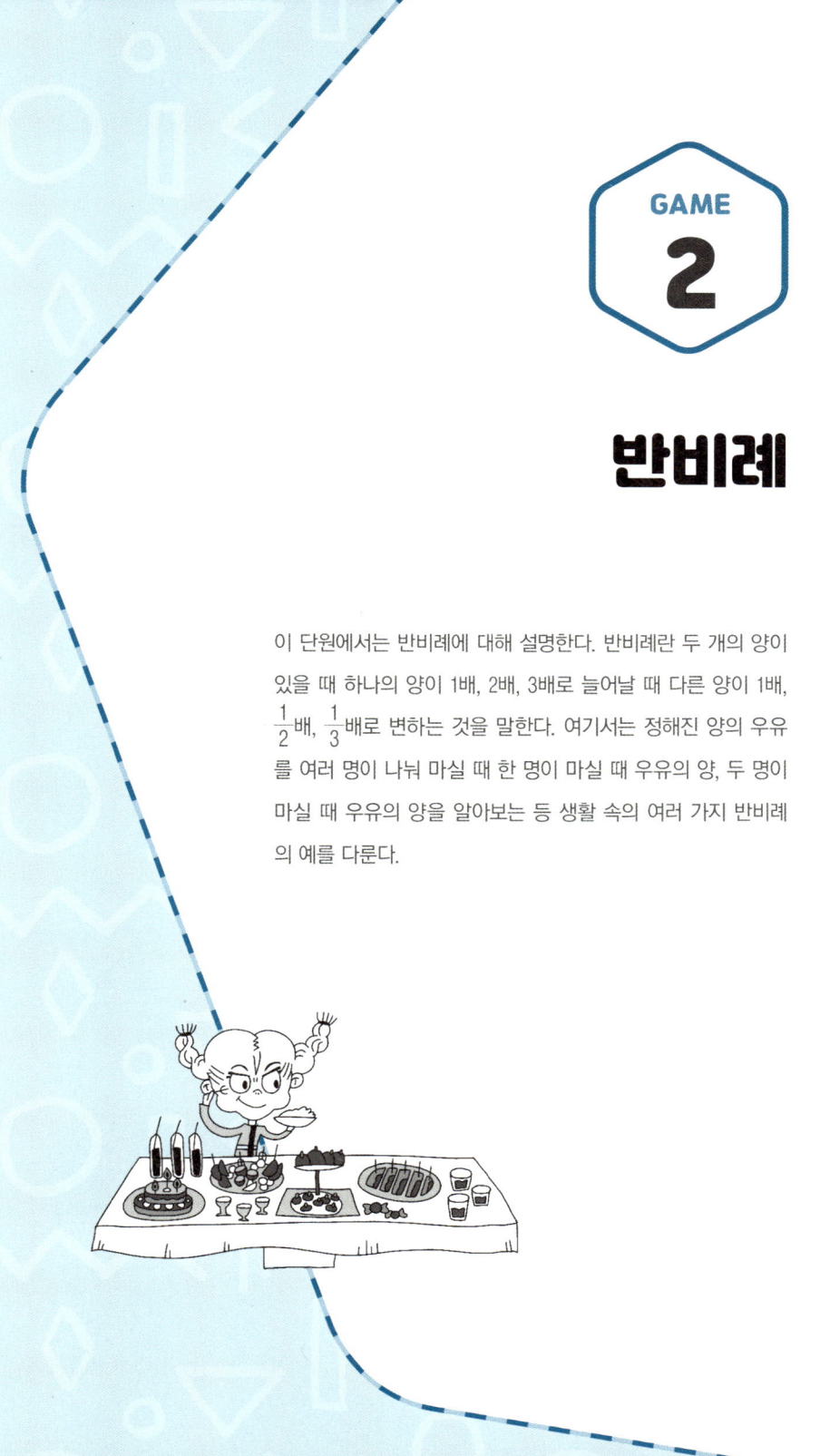

여러 명이 나눠 먹는 우유가 더 맛있다?
반비례

매쓰펜슬 이번에는 반비례에 대해 얘기할게.

꼬미 반비례는 뭐지?

매쓰펜슬 x와 y사이에 다음과 같은 관계가 있으면 이를 두고 y는 x에 반비례한다고 한다고 말해. 이때 a를 반비례의 비례상수라고 해.

$$y = \frac{a}{x} \quad (a\text{는 0이 아닌 일정한 수})$$

스마통 그럼 $y = \dfrac{a}{x}$의 양변에 x를 곱하면 다음과 같이 쓸 수도 있네.

$$xy = a$$

매쓰펜슬 맞아. y는 x에 반비례한다고 하면, x가 1배, 2배, 3배, ……로 변할 때 y는 1배, $\dfrac{1}{2}$배, $\dfrac{1}{3}$배, ……로 변해.

꼬미 반비례의 예를 들어줘.

매쓰펜슬 한쪽이 커지면 다른 한쪽이 작아지는 두 양을 생각하면 돼. 60L의 우유를 여러 명이 똑같이 나누어 마신다고 해봐. 한 명이 마시면 우유를 몇 L 먹지?

꼬미 60L.

매쓰펜슬 두 명이 마시면 한 명이 우유를 몇 L 먹지?

스마통 두 명이 마시면 $\frac{60}{2}=30$이므로 30L씩 마시면 돼.

매쓰펜슬 세 명이 마시면 한 명이 우유를 몇 L 먹지?

꼬미 세 명이 마시면 $\frac{60}{3}$ L씩, 네 명이면 $\frac{60}{4}$ L씩 마시면 돼.

매쓰펜슬 x명일 때 한 사람이 마시는 우유의 양을 y라고 하면 다음과 같이 표를 만들 수 있어.

x (명)	1	2	3	4
y (L)	60	$\frac{60}{2}$	$\frac{60}{3}$	$\frac{60}{4}$

이때 y와 x의 관계는 다음과 같지?

$$y=\frac{60}{x}$$

즉, 사람 수(x)가 1배, 2배, 3배, ……로 변하면 한 사람이 먹는 우유의 양(y)은 1배, $\frac{1}{2}$배, $\frac{1}{3}$배, ……로 변하잖아? 그러니까 사람 수(x)와 한 사람이 마시는 우유의 양(y)은 반비례해. 이때 반비례의 비례상수는 60이야.

스마통 혼자서 많이 먹지 못해서 아쉽긴 하겠네.

직사각형의 넓이 공식과 반비례의 관계
반비례의 예

꼬미 반비례의 예를 더 들어줘.

매쓰펜슬 직사각형의 넓이 공식은 뭐지?

꼬미 가로와 세로의 곱이야.

매쓰펜슬 가로 길이가 x(cm), 세로 길이가 y(cm)이고 넓이가 20cm²인 직사각형을 생각해봐. 식으로 나타내면 다음과 같아.

$xy = 20$

이 식은 다음과 같이 나타낼 수도 있어.

$y = \dfrac{20}{x}$

이 식에서 알 수 있듯이 넓이가 일정한 직사각형에서 가로와 세로는 반비례해.

꼬미 그렇군.

매쓰펜슬 좋아. 이번에는 속력과 관련된 예를 볼게. 거리 40km를 시속 x(km)로 달릴 때 걸린 시간 y(시간)이라고 할 때 x와 y의 관계를 찾아봐.

스마통 거리는 시간과 속력의 곱이니까 다음과 같이 쓸 수 있어.

$40 = xy$

이것은 다시 쓰면 다음과 같아.

$$y = \frac{40}{x}$$

이 식에서 알 수 있듯이 y는 x에 반비례해. 비례상수는 40이고.

매쓰펜슬 엑설런트! 이번엔 부피가 30cm³인 원기둥의 밑넓이 x(cm²)과 높이 y(cm)의 관계를 구해봐.

꼬미 이번에는 내가 해볼게. 원기둥의 부피는 밑넓이와 높이의 곱이니까 다음과 같아.

$30 = xy$

다시 쓰면 다음과 같지.

$$y = \frac{30}{x}$$

그러므로 y는 x에 반비례해. 비례상수는 30이고.

매쓰펜슬 굿! 마지막 문제! y가 x에 반비례하고 $x = \frac{3}{4}$일 때 $y = \frac{8}{3}$라고 할 때 y와 x의 관계식을 구해봐.

스마통 내가 할게. y가 x에 반비례하니까 우선 다음과 같이 놓을 수 있어.

$xy = a$

이제 a만 구하면 되지? $x = \frac{3}{4}$일 때 $y = \frac{8}{3}$이라고 했으니까

$x = \frac{3}{4}, y = \frac{8}{3}$을 $xy = a$에 넣으면 다음과 같아.

$$\frac{3}{4} \times \frac{8}{3} = a$$

그러니까 a를 구하면 다음과 같아.

$a = 2$

즉, y와 x의 관계식은 다음과 같아.

$y = \dfrac{2}{x}$

그러므로 y는 x에 반비례해. 비례상수는 2이고.

매쓰펜슬 퍼펙트!

반비례의 관계식을 찾아라
반비례 응용문제

매쓰펜슬 다음 표를 봐.

x	1	B	3	4
y	A	12	8	C

스마통 이번에는 무슨 표지?

매쓰펜슬 이 표는 y가 x에 반비례하는 대응표야. 이때 A, B, C를 구해봐.

스마통 반비례에서는 x, y의 곱이 일정해. $x = 3$일 때 $y = 8$이니까 다음의 관계를 얻을 수 있어.

$xy = 24$

꼬미 오케이. A는 $x = 1$일 때의 y값이야. 그러니까 다음의 식으로 나타낼 수 있어.

$1 \times A = 24$

그러므로 A의 값은 다음과 같아.

$A = 24$

스마퉁 $x = B$일 때 $y = 12$이니까 다음과 같이 나타낼 수 있어.

$B \times 12 = 24$

위의 식을 계산하면 B의 값을 알 수 있어. B의 값은 다음과 같아.

$B = 2$

꼬미 그럼 $x = 4$일 때 $y = C$이니까 다음 식을 쓸 수 있어.

$4 \times C = 24$

그러므로 C의 값은 다음과 같아.

$C = 6$

매쓰펜슬 이제 두 사람 모두 정비례, 반비례의 도사가 되었네.

개념 정리 QUIZ

1. 다음 중 y가 x에 반비례하는 것은?
   ① $y = 2x - 4$
   ② $y = \dfrac{1}{1000}x$
   ③ $y = \dfrac{3}{4x}$

2. 밑변의 길이가 x(cm), 높이가 y(cm)인 삼각형의 넓이가 100cm²일 때 y와 x의 관계식을 구하라.

3. 120L의 물을 x명이 똑같이 나누어 먹을 때 한 사람이 먹는 물의 양을 y(L)라고 하자. y와 x의 관계식을 구하라.

※ QUIZ의 정답은 127쪽에 있습니다.

정완상 교수의 QR 강의

개념 다지기

반비례 심화 문제

다음 문제를 봅시다.

> y는 x에 반비례하고 $x=1$일 때 $y=6$이다. 이때 y가 자연수가 되게 하는 자연수 x는 모두 몇 개인가?

여기서 y는 x에 반비례하므로 다음과 같습니다.

$$y = \frac{a}{x}$$

이때 $x=1$일 때, $y=6$이므로

$$6 = \frac{a}{1}$$

이 되어, 다음과 같지요.

$$a = 6$$

따라서

$$y = \frac{6}{x}$$

이 되고,

y가 자연수가 되게 하는 자연수 x는

1, 2, 3, 6

이 됩니다.

이 식의 계산 결과 자연수 x는 6의 약수가 되어야 합니다.

따라서 문제에서 구하는 답은 4개입니다.

함수

이 단원에서는 함수에 대해 설명한다. 정비례와 반비례의 관계에서 함수가 어떻게 활용되는지 알아본다. 그리고 생활 속에서 일어날 수 있는 여러 가지 상황을 대입해 함수를 알 수 있다. 특히 그래프를 활용해 양초의 줄어드는 길이와 시간과의 관계, 열기구를 타고 하늘로 올라갈 때 높이와 기온과의 관계와 같은 여러 가지 함수의 활용 문제를 다룬다. QR 강의에서는 함수를 활용해 직사각형에 선분을 그어 만든 삼각형 넓이를 구하는 식에 대해 알아본다.

불에 탄 양초의 길이와 시간의 관계
함수

매쓰펜슬 오늘 주제는 함수야.

꼬미 함수?

매쓰펜슬 변하는 두 양 x, y에 대해 x값이 결정되면 y의 값이 하나로 결정될 때 y를 x의 함수라고 해. 예를 들어 정비례를 봐.

$$y = ax$$

위의 식으로 주어져. 그러니까 정비례도 함수의 한 예야.

스마통 반비례하는 경우도 마찬가지야.

$$y = \frac{a}{x}$$

위의 식으로 주어지니까 반비례도 함수의 예가 되지.

꼬미 x의 한 값에 대해 y의 값이 두 개 이상 나오면 어떻게 되지?

매쓰펜슬 그건 함수가 아니야. 자연수 x의 약수를 y라고 해봐. 이때 y는 x의 함수가 아니야. 왜 그런지 살펴볼까? 예를 들어 $x = 4$일 때 여기에 대응되는 y의 값은 뭐지?

꼬미 4의 약수는 1, 2, 4이니까 y는 1, 2, 4.

매쓰펜슬 이렇게 하나의 x에 대해 두 개 이상의 y의 값이 대응되면 함수라고 할 수 없어. 그럼 다음의 경우를 한번 봐. 길이가 14.5cm인 양초에 불을 붙이고 1분 후 양초의 길이는 14cm가 되었고, 2분 후에는 13.5cm가 되었다고 해봐. 이런 비율로 양초의 길이가 줄어들 때 시간을 x(분), 남아있는 양초의 길이를 y(cm)로 하면 다음과 같은 표를 만들 수 있어.

x (분)	0	1	2	3	4	5
y (cm)	14.5	14	13.5	13	12.5	12

스마통 규칙이 안 보이는 거 같은데.

매쓰펜슬 자, 그럼 이렇게 생각해봐. 양초의 처음 길이는 14.5cm이야. 이 길이에서 남아있는 길이를 뺀 값은 양초가 줄어든 길이가 되지. 그러니까 양초가 줄어든 길이는 다음의 식을 구한 값임을 알 수 있어.

$14.5 - y$

x와 $14.5 - y$ 사이의 관계를 표로 만들어 봐.

스마통 다음과 같아.

x (분)	0	1	2	3	4	5
$14.5 - y$ (cm)	0	0.5	1	1.5	2	2.5

꼬미 표에서 $14.5 - y$가 x에 정비례해.

매쓰펜슬 그러니까 다음과 같이 놓을 수 있어.

$14.5 - y = ax$

꼬미 비례상수 a만 구하면 되겠네.

매쓰펜슬 이때 비례상수는 0.5가 돼. 그러니까 다음 관계가 성립하지.

$14.5 - y = 0.5x$

이 식의 양변에 y를 더하면 다음과 같아.

$14.5 = 0.5x + y$

다시 양변에서 $0.5x$를 빼면 다음과 같아.

$14.5 - 0.5x = y$

여기서 좌변과 우변을 바꿔쓰면 다음과 같지?

$y = -0.5x + 14.5$

이것이 바로 x와 y의 함수 관계식이야.

스마통 남아있는 양초의 길이를 y(cm)이면 y는 음수가 될 수 없겠네.

매쓰펜슬 맞아. 다 타버리고 나면 남아있는 양초의 길이는 0이 되니까.

스마통 그럼 양초가 언제 다 타버리는지를 알려면 남아있는 양초의 길이가 0일 때의 시간을 구하면 되겠네.

매쓰펜슬 맞아.

$-0.5x + 14.5 = 0$

위의 식을 만족하는 x가 양초가 다 탈 때까지 걸린 시간이야. 이 식은 다음과 같아.

$0.5x = 14.5$

이 식의 양변에 2를 곱하면 x의 값을 알 수 있지.

$x = 29$(분)

그러니까 양초는 29분 후에 다 타버리게 돼. 이것을 그래프로 나타내면 다음과 같아.

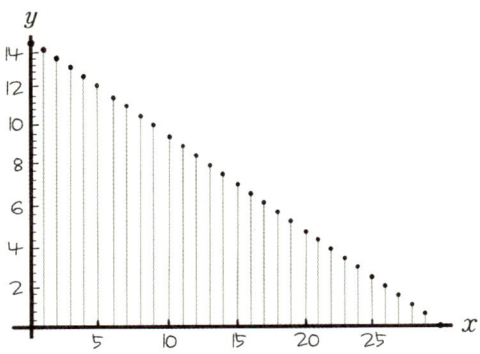

꼬미 와우! 양초의 길이가 점점 줄어들어 0이 되네.

매쓰팬슬 이것은 우리가 시간 측정을 1분 단위로 했기 때문이야. 하지만 양초의 길이는 연속적으로 줄어드니까 그래프는 다음과 같아.

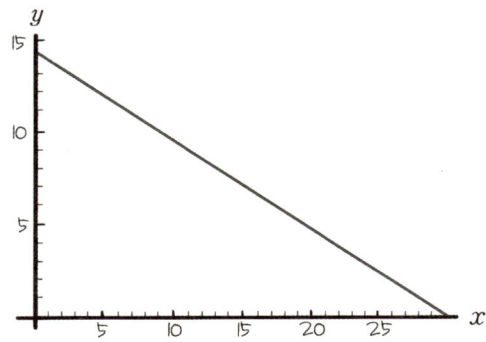

스마통 보기가 더 좋네.

매쓰펜슬 이렇게 x가 점점 커질 때 y가 감소하는 함수를 감소함수라고 불러.

열기구 타고 하늘로 올라가면 추워진다고?
함수의 활용 문제

매쓰펜슬 해발 50km 지점에 열기구가 있어. 10km 올라갈 때마다 기온이 1.5℃씩 내려간다고 해봐. 지면의 기온이 20℃일 때 열기구에서의 기온을 구해볼게.

<꼬미> 열기구 타고 올라가면 추워지는구나.

<매쓰팬슬> 물론이야. 산에 올라가도 추워지잖아?

<꼬미> 어떻게 풀어야 하지?

<매쓰팬슬> 지면으로부터의 높이를 x, 그때의 온도를 y라고 해봐. 10km마다 1.5℃ 내려가니까 1km에는 $\frac{1.5}{10}=0.15$℃ 내려가. 그러므로 x(km) 올라가면 온도는 $0.15x$(℃) 내려가지. 지면($x=0$)에서 온도가 20℃이니까 다음과 같은 식으로 나타낼 수 있어.

$y = 20 - 0.15x$

여기에 $x=50$을 넣으면 $y=12.5$℃이니까 해발 50km 지점에서의 온도는 12.5℃가 돼.

<꼬미> 함수를 이용해 온도를 구할 수 있구나.

<매쓰팬슬> 좋아. 그렇다면 문제 하나 더 내볼게! 미미는 1분에 200m를 갈 수 있고 하니는 1분에 50m를 간다고 해보자. 두 사람이 동시에 출발하여 같은 시간 동안 간 거리를 각각 x(m), y(m)라 할 때 x와 y의 관계식을 구해봐.

<스마퉁> 이 문제는 a(분) 동안 간 거리를 비교하면 될 거 같아. 미미는 1분에 200m를 가니까 2분이면 400m, 3분이면 600m를 가네. 즉 2분에 2×200m, 3분에 3×200m를 가니까 a분에는 $a \times 200 = 200a$(m)를 가네. a(분) 동안 미미가 간 거리 x는 다음과 같아.

$x = 200a$

〈꼬미〉 a(분) 동안 하니가 간 거리는 다음과 같아.

$y = 50a$

〈매쓰펜슬〉 둘 다 잘했어. 이제 두 사람이 a(분) 동안 간 거리를 비교하면 돼.

$200a = 4 \times (50a)$

이니까

$x = 4y$

가 되잖아? 그러니까

$y = \dfrac{1}{4}x$

우리가 구하는 답이야.

집합과 함수
함수의 정확한 의미

〈매쓰펜슬〉 함수의 정확한 정의에 대해 알아볼 거야. 우선 집합에 대해 알려줄게.

〈꼬미〉 집합?

〈매쓰펜슬〉 집합은 어떤 주어진 조건 아래서 명확하게 구별되는 대상들의 모임을 말해.

〈스마통〉 예를 들어봐.

〈매쓰펜슬〉 우리 반에서 키가 큰 사람의 모임은 집합이 아니야.

꼬미 그건 왜지?

매쓰펜슬 '키가 크다'라는 말로는 대상을 명확하게 구별할 수 없어. 하지만 우리 반에서 키가 140센티미터 이상인 사람의 모임은 집합이 되지. 우리 반 아이들의 키를 재서 140센티미터 이상인 사람만 골라내면 되니까.

스마통 그렇군.

매쓰펜슬 3 이하의 자연수를 모두 구해봐.

꼬미 1, 2, 3.

매쓰펜슬 3 이하의 자연수 집합을 A라고 하면 이 집합은 다음과 같이 나타낼 수 있어.

$A = \{1, 2, 3\}$

이때 1, 2, 3을 집합 A의 원소라고 불러.

꼬미 집합을 이루는 대상이 원소이구나.

매쓰펜슬 맞아.

스마통 함수와 집합은 무슨 관계가 있지?

매쓰펜슬 함수는 집합 X와 집합 Y의 두 집합 사이에서 X의 원소를 Y의 원소에 대응시키는데 이러한 대응이 함수가 되려면 다음 두 조건을 만족해야 해.

(조건1) 집합 X에 속하는 모든 원소는 집합 Y의 원소에 대응되어야 한다.
(조건2) 집합 X의 원소는 집합의 Y의 원소 한 개에 대응되어야 한다.

이 두 조건을 만족하는 대응 f를 X에서 Y로의 함수라고 불러. 이때 X를 정의역이라고 하고 Y를 공역이라고 불러. 정의역의 원소는 x라고 쓰고, 그에 대응되는 공역의 원소는 y라고 쓰고, 이 함수를 다음과 같이 써.

$$y = f(x)$$

스마통 예를 들어 설명해줘.

매쓰펜슬 정의역을 자연수의 집합, 공역을 자연수의 집합이라고 하고, 다음 함수를 봐.

$f(x) = x + 2$

이것을 그림으로 나타내면 다음 그림과 같아.

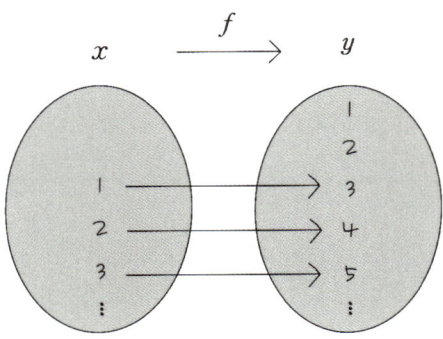

여기서 화살을 맞은 원소들만 모아 봐. 이렇게 화살을 맞은 원소들의 집합을 치역이라고 불러.

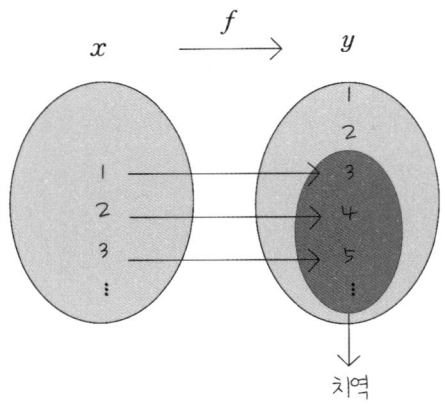

함수 $y = f(x) = x + 2$를 그래프로 그려보면 다음 그림과 같아.

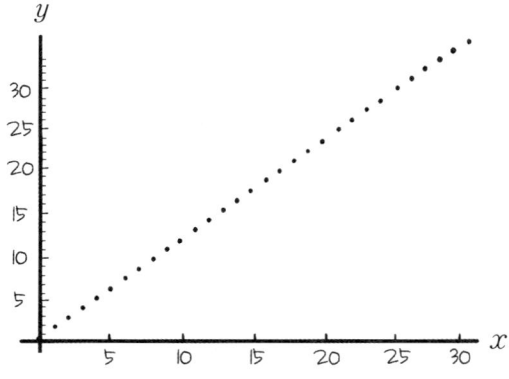

정의역이 실수 집합이고 공역도 실수 집합일 때 이 함수의 그래프는 다음과 같아지지.

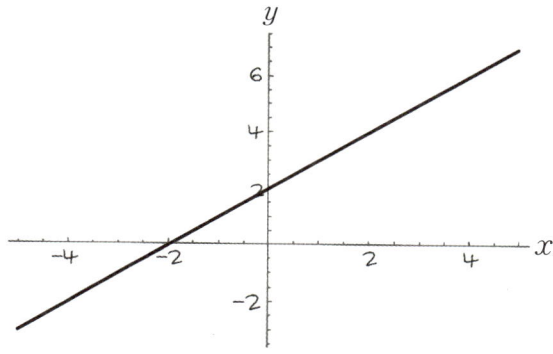

이때 x를 독립변수라고 하고, y를 종속변수라고 불러.

세 종류의 함수
단사함수, 전사함수, 전단사함수

매쓰펜슬 세 종류의 함수에 대해 알아볼 거야. 먼저 단사함수에 대해 알아볼게. 다음 함수를 봐.

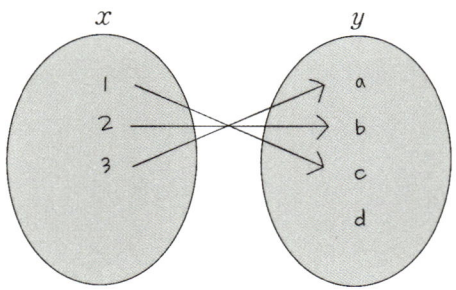

이 함수는 치역의 원소에 대응되는 정의역의 원소가 한 개뿐이야. 하지만 치역과 공역은 달라.

$$치역 = \{a, b, c\}$$
$$공역 = \{a, b, c, d\}$$

이런 함수를 단사함수라고 불러.

〈꼬마〉 또 다른 함수는 뭐지?

매쓰펜슬 이번에는 전사함수. 다음 함수를 봐.

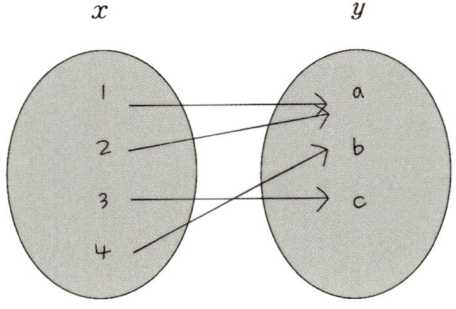

이 함수에서 치역의 원소 a에 대응되는 정의역의 원소가 1과 2이므로 두 개야. 그러므로 이 함수는 단사함수가 아니야. 대신 이 함수에서 공역의 모든 원소가 화살을 받았으므로 다음의 등식이 성립돼.

$$공역 = 치역$$

이런 함수를 전사함수라고 불러.

스마통 전사함수이면서 동시에 단사함수인 함수도 있겠네.

매쓰펜슬 물론. 그런 함수를 전단사함수라고 불러. 다음 함수를 봐.

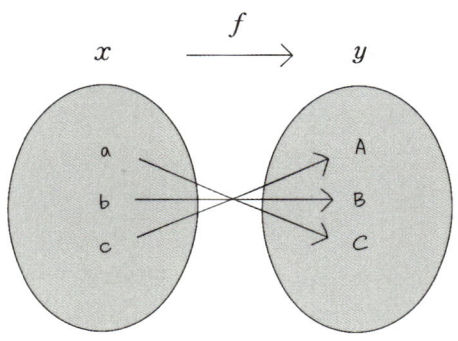

이 함수에서 공역과 치역은 같아. 그리고 Y의 원소 하나에 X의 원소가 하나만 대응되지? 이런 함수는 전사함수이면서 동시에 단사함수이기 때문에 전단사함수 또는 일대일 대응 함수라고 불러. 일대일 대응 함수가 되려면 다음 두 조건을 만족해야 해.

(조건1) Y의 원소 하나에 X의 원소가 하나만 대응되어야 한다.
(조건2) 치역과 공역이 같아야 한다.

여기서 문제! 다음 함수는 일대일 대응 함수일까?

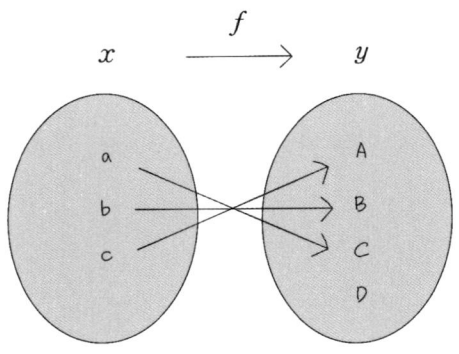

<꼬미> 조건 2를 만족하지 않으므로 일대일 대응 함수가 아니야.

매쓰펜슬 오케이. 굿!

개념 정리 QUIZ

1. 길이가 20cm인 양초가 1분에 0.5cm씩 그 길이가 줄어든다. 이 양초에 불을 붙이고 x분 후의 양초의 길이를 $y$cm라고 할 때 x와 y의 함수 관계식을 구하라.

2. 다음 중 y가 x의 함수가 아닌 것은?
   ① 자연수 x의 배수 y
   ② 한 자루에 800원 하는 볼펜 x자루의 값 y
   ③ 시속 24km로 x시간 달렸을 때 달린 거리 y
   ④ 하루 중 낮의 길이를 x시간이라 할 때 밤의 길이 y

3. 택시요금은 1,300원을 기본으로 하며 1km 갈 때마다 100원씩 올라간다. 이때 다음 표를 완성하라.

거리(km)	0	1	2	3	4
요금(원)	1300	1400			

※ QUIZ의 정답은 128쪽에 있습니다.

개념 다지기

함수의 활용

그림과 같은 직사각형 ABCD에서 점 P가 변 BC를 따라 B에서 C까지 움직입니다. 선분 BP의 길이를 x라고 할 때 삼각형 ABP의 넓이를 y라고 하면 x, y의 관계식을 구해봅시다.

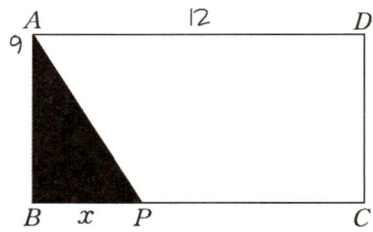

삼각형 ABP의 넓이를 구하면

$$y = \frac{1}{2} \times 9 \times x$$

이니까

$$y = \frac{9}{2}x$$

가 되지요.

이때 x의 범위를 살펴봅시다. 점 P는 변 BC 위를 움직이니까 x가 12

이하입니다.

그러니까 x의 범위는

$0 \leq x \leq 12$

따라서 구하는 관계식은

$y = \dfrac{9}{2} x \ (0 \leq x \leq 12)$

입니다.

QR코드를 통해 정완상 교수의 강의를 직접 들어 봅시다.

GAME 4

신기한 함수

이 단원에서는 이차함수에 대한 이야기를 다룬다. 일차함수의 그래프와 달리 이차함수의 그래프는 곡선이 된다는 것을 보인다. 그 외에도 어떤 구간 동안 일정한 값을 같은 계단 모양의 함수인 가우스 함수에 대해서고 다룬다. QR 강의에서는 소수부분을 버리는 약속인 가우스 기호에 대해 알아본다.

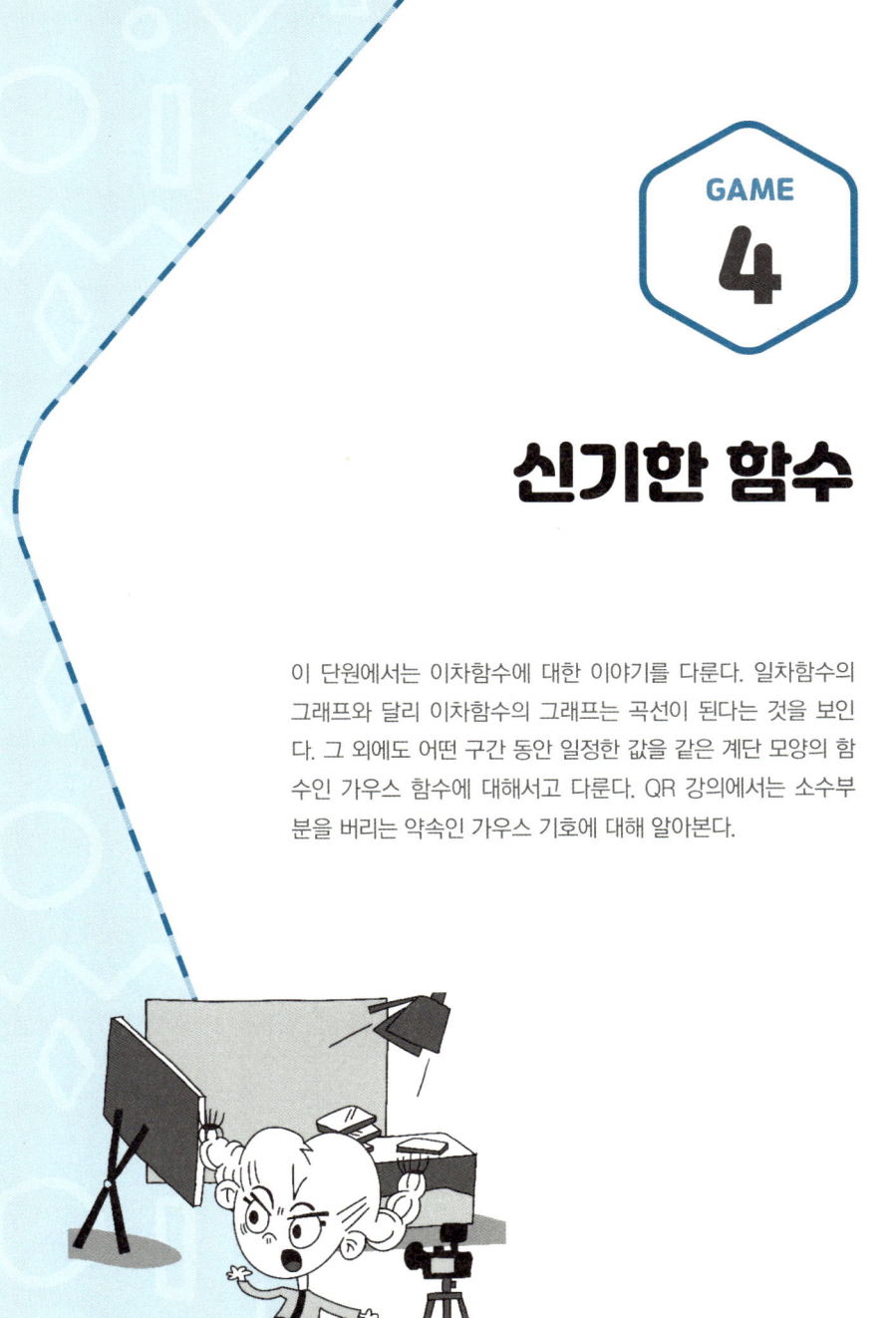

수학툰

x^2으로 나타내는 복잡한 함수
이차함수

매쓰펜슬 이제 조금 더 복잡한 함수에 대해 알아볼 거야. 우선 이차함수에 대해 알아볼 거야.

꼬마 이차함수?

매쓰펜슬 $y=ax+b$의 꼴로 주어지는 함수를 일차함수라고 불러. x가 한 개만 나타나기 때문이지. 이번에는 다음과 같은 함수를 봐.

$$y = x \times x$$

이 함수는 x 두 개를 곱한 것이 나타나잖아? 이런 함수를 이차함수라고 불러. 그런데 같은 수를 두 개 곱하는 것을 수학자들은 다음과 같이 나타내.

$$x \times x = x^2$$

그러니까 위에서 얘기한 이차함수는 다음과 같이 쓸 수 있어.

$$y = x^2$$

함수에 따른 직선 그래프와 곡선 그래프
함수와 그래프

매쓰펜슬 이번엔 그래프에 대한 이야기를 해볼게. 우선 다음의 그래프를 봐.

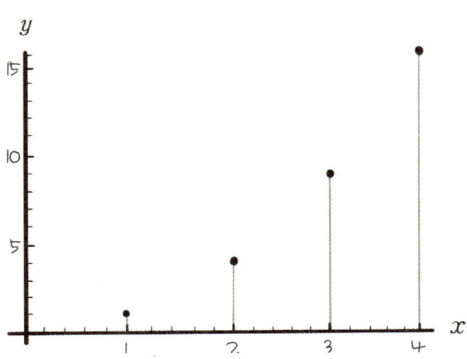

꼬미 직선 그래프네. 이 그래프는 어떻게 그리지?

매쓰펜슬 먼저 그래프에 나타난 점의 수치를 확인하고 x에 0, 1, 2, 3, 4를 넣어서 표를 만들어봐.

꼬미 내가 해볼게. 표는 다음과 같아.

x	0	1	2	3	4
y	0	1	4	9	16

아, 표로 정리하니 그래프를 어떻게 그렸는지 바로 알 수 있네.

매쓰펜슬 잘했어. 그래서 위의 그래프와 같이 그릴 수 있지. 이때 x가 0부터 시작해서 연속적으로 변하면 다음 그래프로 나타낼 수 있게 돼.

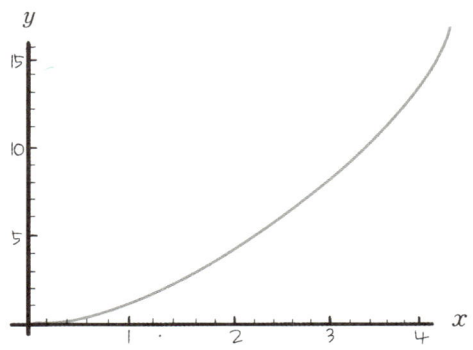

<꼬미> 이차함수의 그래프는 곡선이 되는구나.

<매쓰펜슬> 맞아. 일차함수의 그래프는 각각의 수를 넣어 직선이 되고, 이차함수의 그래프는 수치가 연속적으로 변하므로 곡선이 돼.

수학자 가우스가 가우스에 의한 가우스를 위한 함수?
가우스 함수

<매쓰펜슬> 이번에는 가우스 함수에 대해 얘기할게. 가우스 함수를 알려면 먼저 가우스 기호를 알아야 해. 어떤 수 x대해 그 수보다 크지 않은 가장 큰 정수를 x의 가우스 기호라고 하고 $[x]$로 나타내.

<스마통> 무슨 말인지 잘 모르겠어.

<꼬미> 나도.

매쓰펜슬 2.8의 가우스 기호는 2.8보다 크지 않은 정수 중에서 제일 큰 정수를 찾아야 해.

꼬미 2.8보다 크지 않은 정수라면 2가 되겠네.

매쓰펜슬 맞아. 그러니까 다음과 같이 나타내.

[2.8] = 2

그렇다면 [1.25]는 뭐지?

스마통 1.

매쓰펜슬 [0.8]은?

꼬미 0.

스마통 가만 소숫점 아래 수를 없애면 되네.

매쓰펜슬 맞아.

꼬미 그러면 정수의 가우스 기호는?

매쓰펜슬 정수 3의 가우스 기호는 3이야.

[3] = 3

7의 가우스 기호는 7이 되고.

[7] = 7

스마통 정수의 가우스 기호는 그 정수가 되는구나.

매쓰펜슬 가우스 함수는 다음과 같이 나타내.

$$y = [x]$$

이때 우리는 x가 0 이상인 경우만 생각할 거야. 그러면 다음과 같아.

x가 0 이상 1 미만이면 $y = 0$

x가 1 이상 2 미만이면 $y = 1$

x가 2 이상 3 미만이면 $y = 2$

x가 3 이상 4 미만이면 $y = 3$

그러니까 가우스 함수를 그래프로 그리면 다음과 같아.

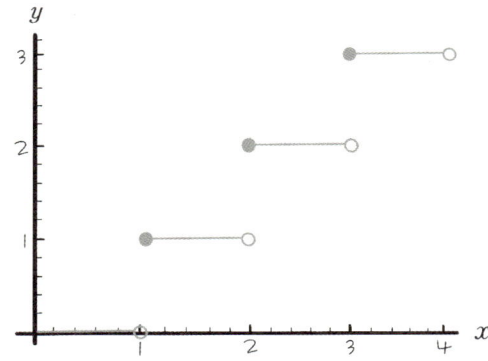

꼬미〉 수학툰에 나온 이야기를 가우스 기호로 나타낼 수 있어?

매쓰펜슬 물론. 물건값이 x원일 때 내야 할 세금을 y라고 하면 다음과 같이 쓸 수 있어.

$$y = 1000 \times \left[\frac{x}{1000}\right] \times \frac{10}{100}$$

예를 들어, $x = 50000$이면 다음과 같아.

$$y = 1000 \times \left[\frac{50000}{1000}\right] \times \frac{10}{100} = 5000$$

하지만 $x = 49900$이면 $\frac{49900}{1000} = 49.9$가 되어 다음과 같거든.

$$\left[\frac{49900}{1000}\right] = [49.9] = 49$$

그래서 이 식을 다시 정리하면 다음과 같아.

$$y = 1000 \times \left[\frac{49900}{1000}\right] \times \frac{10}{100} = 4900$$

꼬미〉 그렇군.

개념 정리 QUIZ

1. 함수 $y = 3x^2$에서 $x = 2$일 때 y의 값은?

2. $[2.54]$의 값은?

3. $\left[-\dfrac{1}{3}\right]$의 값은?

※ QUIZ의 정답은 129쪽에 있습니다.

정완상 교수의 QR 강의

개념 다지기

반올림과 가우스 함수

가우스 기호는 소수부분을 버리는 약속입니다. 3.8의 가우스 기호 [3]은 3.8 = 3 + 0.8에서 소수부분인 0.8을 버리는 약속을 말한답니다.
그럼 가우스 기호를 이용해 반올림하는 방법이 있을까요? 물론 있지요. 1.6을 반올림하면 2가 되고, 1.4를 반올림하면 1이 되는데, 이런 이유는 반올림은 소수부분이 0.5 이상이냐, 0.5 미만이냐에 따라 달라지기 때문이랍니다.
그러므로 어떤 수 x에 대해

$$[x+0.5]$$

를 계산하면 x를 반올림한 수를 구할 수 있답니다.
예를 들어 $x = 1.6$이면

$$[1.6+0.5] = [2.1] = 2$$

가 되고, $x = 1.4$이면

$$[1.4+0.5] = [1.9] = 1$$

이 된답니다.

QR코드를 통해 정완상 교수의 강의를 직접 들어 봅시다.

생활 과학

이 단원에서는 생활 속에 함수가 적용되는 예를 다룬다. 귀뚜라미 울음소리로 온도를 알아내는 돌베어의 법칙과 미국에서 사용하는 화씨온도와 우리가 사용하는 섭씨온도의 관계를 함수를 이용해 다루어 본다. QR 강의에서는 일차함수를 적용한 산의 높이에 따른 온도 차를 알아본다.

귀뚜라미 울음소리로 온도를 어떻게 알았지?
돌베어의 법칙

_{매쓰펜슬} 생활 속에 함수가 적용되는 경우는 많아.

_{꼬미} 난 아직도 귀뚜라미 울음소리로 어떻게 온도를 알아내는지 궁금해.

_{매쓰펜슬} 그건 1897년에 미국의 과학자 돌베어(Amos Emerson Dolbear 1837-1910) 교수가 알아낸 돌베어의 법칙이야.

돌베어 교수는 귀뚜라미의 울음소리가 그날의 기온에 따라 박자가 달라진다는 것을 알아냈어. 그리고 둘 사이의 함수 관계를 알아냈지.

〈꼬미〉 왜 박자가 달라지지?

〈매쓰펜슬〉 변온동물인 귀뚜라미는 온도에 민감하고, 날개를 비비는 것은 근육 활동으로 체온에 영향을 주기 때문이야.

〈꼬미〉 어떻게 달라지는데?

〈매쓰펜슬〉 귀뚜라미는 온도가 높으면 빠르게 울지만 온도가 내려가면 느리게 울어.

〈스마통〉 구체적으로 귀뚜라미가 운 횟수와 온도 사이의 관계는 뭐지?

〈매쓰펜슬〉 25초 동안 귀뚜라미가 운 횟수에 $\frac{1}{3}$을 곱하고 4를 더하면 그것이 온도가 돼. 그러니까 25초 동안 귀뚜라미가 운 횟수를 x라고 하고, 기온을 y라고 하면 다음과 같은 식으로 나타낼 수 있지.

$y = \frac{1}{3}x + 4$

물론 이 공식은 귀뚜라미의 종류에 따라 조금 차이는 있지만 어찌 되었든 이와 비슷한 함수 관계를 만족해.

〈꼬미〉 일차함수가 된다는 거지?

〈매쓰펜슬〉 맞아. 그러니까 귀뚜라미가 25초 동안 60번 울면 24℃가 되어서 온도를 올리라고 한 거고. 25초 동안 63번 울면 25℃가 되어 회장이 원하는 온도가 되었던 거지.

〈꼬미〉 그렇군. 귀뚜라미 온도계네.

〈매쓰펜슬〉 맞아.

미국 여행을 가려면 온도계 읽는 법을 배워야 해
화씨온도와 섭씨온도

스마통 생활 속 함수 관계에 관한 또 다른 예가 있어?

매쓰펜슬 온도는 물체의 뜨겁고 차가운 정도를 숫자로 나타낸 거야. 온도를 나타내는 방법으로는 주로 섭씨와 화씨의 두 가지 방법이 있어. 미국에서는 화씨온도를 사용하고 그 외의 대부분의 나라에서는 섭씨온도를 사용해. 화씨온도는 °F로 나타내고 섭씨온도는 ℃로 나타내.

꼬미 우리는 섭씨를 사용하잖아? 그럼 화씨가 필요 없잖아?

매쓰펜슬 미국 여행을 갈 수도 있잖아?

꼬미 그렇군.

매쓰펜슬 섭씨온도는 물이 어는 온도를 0℃로 하고 물이 끓는 온도를 100℃로 나타내. 즉, 섭씨온도에서는 물이 어는 온도와 끓는 온도와의 차이가 100℃가 돼.

꼬미 화씨는?

매쓰펜슬 화씨온도에서는 물이 어는 온도를 32°F로 하고 물이 끓는 온도를 212°F로 나타내. 화씨온도에서는 물이 어는 온도와 끓는 온도와의 차이는 180°F가 돼.

스마통 화씨온도와 섭씨온도 사이에 함수 관계가 있어?

매쓰펜슬 물론. 섭씨온도와 화씨온도의 관계를 알아볼게. 섭씨온도로 $x°$C 일 때 화씨온도로 $y°$F가 된다고 하고, x와 y 사이의 관계식을 구하면 돼. 섭씨온도가 0°C에서 100°C로 변할 때 화씨온도가 일정한 비율로 0°F에서 212°F로 변하므로 다음과 같은 임의의 식으로 나타내서 구할 수 있어.

$$y = ax + b$$

이제 두 개의 수 a, b를 구하면 돼. 물이 어는 온도는 섭씨로는 0°C이고 화씨로는 32°F이므로 x가 0일 때 y는 32가 되어야 해. 식으로 나타내 볼게.

$32 = a \times 0 + b$

이 식을 계산하면 b는 32가 돼. 따라서 관계식은 다음과 같아.

$y = a \times x + 32$

물이 끓는 온도가 섭씨로는 100°C이고 화씨로는 212°F이므로 x가 100일 때 y는 212이야. 따라서 다음과 같이 나타낼 수 있지.

$212 = a \times 100 + 32$

이 식의 양변에서 32을 똑같이 빼면 다음과 같아.

$a \times 100 = 180$

다시 양변을 100으로 나누면 다음과 같아.

$a = \dfrac{180}{100} = \dfrac{9}{5}$

그러므로 섭씨와 화씨 사이의 함수 관계식이 다음과 같음을 알 수 있어.

$y = \dfrac{9}{5} \times x + 32$

마트에 가서 과자도 사고 포인트도 적립 해볼까?
함수를 이용하는 예시

꼬미 또 함수를 이용하는 예가 있어?

매쓰펜슬 물론. 마트에 회원 등록을 하면 물건을 살 때마다 포인트를 적립해 주지? 물건 만 원어치를 살 때 포인트가 100원씩, 즉 구매한 물건의 가격의 $\dfrac{1}{100}$만큼의 포인트가 적립된다고 해봐. 이때 구매한 물건의 가격을 x원이라고 하고 포인트를 y라고 하면 다음과 같은 일차함수가 됨을 알 수 있어.

$y = \dfrac{1}{100} x$

스마통 재미있네. 일차함수가 아닌 예도 있어?

매쓰펜슬 물론. 정사각형 모양의 과자를 만들어 파는 경우를 생각해. 과자의 크기가 모두 똑같지 않고 조금씩 다를 때 가격을 정하는 방법은 이차함수로 나타낼 수 있어.

스마통 어떻게?

매쓰펜슬 1cm²당 가격을 20원으로 할 때, 한 변의 길이가 5cm인 과자의 가격을 구해볼게. 이때 과자의 넓이는 25cm²이므로 가격은 500원이 돼. 이것을 이차함수로 나타낼 수 있어. y를 과자의 가격으로, x를 과자의 한 변의 길이라면 다음과 같이 나타낼 수 있어.

$y = 20x^2$

꼬미 그렇군.

개념 정리 QUIZ

1. 귀뚜라미가 25초 동안 69번을 울었을 때 온도는?

2. 섭씨 50℃를 화씨온도로 바꾸면?

3. 화씨 284°F를 섭씨온도로 바꾸면?

※ QUIZ의 정답은 130쪽에 있습니다.

개념 다지기

산 위의 온도

과학자들은 산에 올라가면 대략 100m마다 0.6℃씩 온도가 낮아진다고 말합니다.

그럼 산기슭에서의 기온이 a도일 때 x(m)를 산의 높이라고 하고 이 높이에서의 온도를 y(℃)라고 해보세요. 100m마다 0.6℃씩 낮아지므로 1미터마다 온도가 0.006℃씩 내려가는 것을 알 수 있지요.

그러므로 x(m) 올라가면

$0.006x$(℃)

만큼 내려가는 것을 알 수 있습니다.
따라서 x(m)에서의 온도 y(℃)는

$$y = a - 0.006x$$

라는 일차함수를 따릅니다.

우주팽창
보일의 법칙, 허블의 법칙

이 단원에서는 과학에서 나타나는 반비례와 정비례의 예를 다룬다. 반비례의 예로써 풍선에 공기를 불어 넣어 풍선에 기체를 모았을 때 풍선의 부피에 따라 달라지는 것을 통해 기체의 압력과 부피 사이의 관계인 보일의 법칙을 다루고 있다. 그리고 정비례의 예로는 우주 팽창의 법칙인 허블의 법칙을 다룬다. QR 강의에서는 압력이 일정할 때 기체의 온도와 부피 사이의 관계에 대한 샤를의 법칙을 다루고 있다.

와인 잔에는 샴페인이 들어 있어요. 샴페인 속에는 기체 이산화탄소가 녹아 있지요. 그런데 여기에 건포도를 넣으면 건포도가 가라앉다가 이산화탄소 기포에 둘러싸여 밀도가 작아지면서 위로 올라가게 됩니다. 건포도를 둘러싼 기포는 위로 올라가면서 압력이 작아져서 부피가 커집니다. 그러므로 밀도가 작아져서 위로 올라가게 되지요. 그러다 기포가 터지면 건포도는 가라앉게 되고 그때 다시 건포도를 이산화탄소 기포가 감싸게 되어 위로 올라가고 이런 현상이 반복하며 나타나 오르락내리락하는 겁니다.

풍선 속에 공기를 모아봐
반비례와 보일의 법칙

매쓰펜슬 정비례와 반비례는 과학에서도 많이 나타나. 우선 반비례가 나타나는 경우를 볼게. 기체를 이루는 분자(기체 분자)는 자유롭게 움직이기 때문에 기체를 연구하려면 어떤 용기 속에 기체를 모아두어야 해.

스마통 풍선 속에 공기를 불어 넣은 것처럼?

매쓰펜슬 맞아. 그래서 기체를 얘기할 때는 기체가 담겨있는 용기의 부피를 꼭 생각해야 해. 앞으로 기체의 부피는 기체가 담겨있는 용기의 부피로 생각하면 돼. 기체의 부피는 V로 나타내.

스마통 왜 V로 나타내지?

매쓰펜슬 부피는 영어로 Volume이라고 하니까 그 앞 철자를 써서 V라고 쓰는 거야. 기체 분자들은 용기 안에서 밖으로 탈출하려고 하는데 용기 벽에 막혀서 탈출하지 못하고 용기 벽에 충돌하게 돼. 이렇게 벽과 충돌하면서 힘을 작용하게 되는데 이 힘을 힘이 작용하는 넓이로 나눈 것을 압력이라고 해. 압력은 P라고 쓰지.

꼬미 그건 왜지?

매쓰펜슬 압력은 영어로 Pressure이니까 그 첫 철자를 써서 P라고 나타내는 거야. 1662년 영국의 과학자 보일은 기체의 부피와 압력 사이의 관계를 찾아냈어. 그는 기체의 온도가 일정할 때 기체의 압력과 부피가 반비례한다는 것을 알아냈는데 이것을 보일의 법칙이라고 불러.

> 온도가 일정할 때 기체의 압력과 부피는 반비례한다

위에서 말한 보일의 법칙을 식으로 쓰면 다음과 같아.

$$PV = (일정)$$

이는 곧 반비례 관계식이 되지.

꼬미 압력이 2배가 되면 부피는 $\frac{1}{2}$배로 줄어드는구나.

매쓰펜슬 물론. 반대로 압력이 $\frac{1}{2}$배로 줄어들면 부피는 2배가 되는 거야.

우주가 팽창한다고?
정비례와 허블의 법칙

매쓰펜슬 이번에는 정비례의 관계가 나오는 유명한 법칙을 알려줄게. 1929년 미국의 천문학자 허블이 우주가 팽창한다는 것을 관측하는 데 성공해. 허블은 시카고 대학 법학과를 졸업해 처음에는 변호사로 일하다가 천문학에 흥미를 느껴, 1914년부터 여키스천문대에서 천체관측에 몰두하였고, 제1차 세계대전 후인 1919년 윌슨산 천문대의 연구원이 되어 지름 2.5미터인 망원경으로 천문학 관측에 전념했지.

우리가 눈으로 보는 별은 모두 우리은하에 있는 별들이야. 허블은 우리은하가 아닌 다른 은하를 최초로 관측했어.

꼬미 어떤 은하지?

매쓰펜슬 허블이 발견한 은하는 안드로메다은하로 우리은하로부터 250만 광년 떨어진 거리에 있어.

꼬미) 광년이 뭐지?

매쓰펜슬) 빛이 1년 동안 간 거리야. 빛은 1초에 약 30만 킬로미터를 가거든.

꼬미) 1년 동안이면 엄청나게 먼 거리를 가겠네.

매쓰펜슬) 1광년은 약 10조 킬로미터나 되는 긴 거리야. 은하의 크기나 은하와 은하 사이의 거리를 나타낼 때는 주로 광년이라는 단위를 써.

꼬미) 안드로메다은하를 발견한 것과 정비례와 무슨 관계가 있지?

매쓰펜슬) 1929년 허블은 안드로메다은하가 우리은하로부터 점점 멀어지고 있다는 것을 관측해. 즉 우주가 점점 커지고 있다는 증거를 찾은 거지.

꼬미) 은하와 은하가 멀어지면 우주가 팽창하는 거야?

매쓰펜슬) 풍선을 불기 전에 스티커를 붙여봐. 이때 스티커들 사이의 거리는 아주 가까워. 풍선을 점점 크게 불어봐. 풍선이 점점 커지면서 스티커들 사이의 거리가 점점 멀어지잖아?

여기서 풍선을 우주로 스티커를 은하로 생각해봐. 우주가 점점 커지면 은하와 은하 사이의 거리가 점점 멀어진다는 것을 알 수 있잖아? 그러므로 허블의 관측은 우주가 점점 팽창하고 있다는 것을 뜻해.

> 꼬미) 그렇군.

매쓰펜슬 허블은 우리은하 주위의 여러 은하가 우리로부터 멀어지는 속도가 그 별들과 우리 사이의 거리와 관계있다는 사실을 알아냈어. 그의 관측에 따르면 가까이 있는 은하는 천천히 멀어지고 멀리 있는 은하는 빠르게 멀어졌어. 이것은 은하가 멀어지는 속도가 은하와 우리은하 사이의 거리에 정비례한다는 것을 뜻하는데, 이것을 허블의 법칙이라고 불러. V를 우리은하로부터 다른 은하가 멀어지는 속도, R을 우리은하와 다른 은하의 거리라 하면 다음과 같은 정비례 관계가 성립해. 아래 그래프는 허블이 외부 은하를 관측한 것을 나타낸 거야.

$$V = H \times R$$

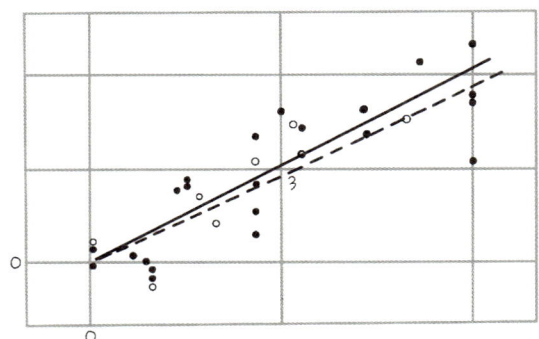

허블의 관측: 외부 은하의 속도와 거리 관계(1929년) 출처: Hubble

여기서 H는 허블 상수라고 불러. 한편 (거리) = (시간) × (속력)이므로 다음과 같아.

$$시간 = \frac{거리}{속도} = \frac{R}{V} = \frac{1}{H}$$

여기서 시간은 지금 우주의 모습이 될 때까지 우주가 팽창해 온 시간이니까, 바로 우주의 나이야.

〈꼬미〉 우주의 나이는 몇 살인데?

〈매쓰펜슬〉 138억 살.

〈꼬미〉 엄청나게 늙었군.

개념 정리 QUIZ

1. 온도가 일정한 기체의 부피가 10배가 되면 기체의 압력은 몇 배가 되는가?

2. 온도가 일정한 기체의 압력이 $\frac{1}{5}$배가 되었을 때 기체의 부피는 몇 배가 되는가?

3. 우리은하와 은하 A 사이의 거리가 R일 때 우리은하로부터 은하 A가 멀어지는 속도가 V라고 하자. 우리은하와 은하 B 사이의 거리가 $2 \times R$일 때 우리은하로부터 은하 B가 멀어지는 속도는?

※ QUIZ의 정답은 131쪽에 있습니다.

정완상 교수의 QR 강의

개념 다지기

샤를의 법칙

압력이 일정할 때 기체의 온도와 부피 사이의 관계는 프랑스의 샤를에 의해 이루어졌답니다. 샤를은 실험을 통해 일정한 압력 아래서 기체의 부피는 1℃ 올라갈 때 0℃ 때의 부피의 273분의 1만큼 증가하고 반대로 온도가 1℃ 내려갈 때는 0℃ 때의 부피의 273분의 1 만큼 감소한다는 것을 알아냈어요.

$V(0)$를 일정한 압력 아래서의 0℃ 때의 기체의 부피라고 하고 온도가 $T(℃)$ 때의 부피를 $V(T)$라고 썼을 때 다음과 같이 나타낼 수 있지요.

$$V(1) = V(0) + V(0) \times \frac{1}{273} = (1 + \frac{1}{273})V(0)$$

$$V(2) = V(0) + V(0) \times \frac{2}{273} = (1 + \frac{2}{273})V(0)$$

$$V(3) = V(0) + V(0) \times \frac{3}{273} = (1 + \frac{3}{273})V(0)$$

따라서 임의의 온도 $T(℃)$ 때의 부피는 다음과 같음을 알 수 있답니다.

$$V(T) = (1 + \frac{T}{273})V(0)$$

이것이 유명한 샤를의 법칙이랍니다.

QR코드를 통해 정완상 교수의 강의를 직접 들어 봅시다.

부록

[수학자에게서 온 편지]
보일

[논문]
낙하 거리를 시간의 함수로 나타내는 방법

개념 정리 QUIZ 정답

용어 정리 & 찾아보기

| 수학자에게서 온 편지 |

보일
(Robert Boyle 1627–1691)

나는 1627년 영국의 워터퍼드에서 태어났어요. 아버지가 백작이었기에 어릴 때부터 부족함 없이 부유하게 자랐답니다. 어릴 때부터 신동 소리를 들었고 여덟 살에는 영재들만 다닌다는 이튼 학교에 입학했지요. 나는 열네 살이 되었을 때 이탈리아로 가서 갈릴레이에게 물리학을 배우고 싶었지만 안타깝게도 갈릴레이가 세상을 떠나 그 꿈은 이루지 못했답니다.

나는 원소설의 창시자로 수많은 원소를 발견했습니다. 내가 원소설을 발표하기 전에 아주 오랜 세월 동안 사람들은 모든 물질이 물·불·공기·흙이라는 네 가지 원소로만 이루어져 있다는 아리스토텔레스의 4

원소설을 사실로 여겨왔었죠. 하지만 나는 아리스토텔레스의 4원소설에 의문을 가졌고, 결국 처음으로 반기를 들게 되었답니다.

논리적인 사람이었던 나는 모든 현상에 대해 실험하고 확인하는 것을 좋아했어요. 많은 의심 끝에 마침내 1661년 나는 『의심많은 화학자(The Sceptical Chemist)』를 집필했고 거기서 모든 물질이 서너 가지의 원소로만 이루어져 있을 수는 없다고 주장했답니다. 이 책에는 세 사람의 인물이 등장하는데, 한 사람은 아리스토텔레스의 4원소설을 지지하는 사람이고, 또 한 사람은 4원소설을 이용하여 금을 만들 수 있다고 주장하는 연금술사고, 마지막 한 사람은 4원소설이 틀렸다고 생각하는 의심 많은 화학자랍니다. 책 속에서 세 사람은 서로의 주장을 굽히지 않지만 책을 쓴 저자인 나는 결국 의심 많은 화학자의 의견을 지지해 아리스토텔레스의 주장이 옳지 않다는 것을 보이지요.

나는 이 세상의 모든 물질이 네 가지의 원소로만 이루어져 있다는 생각을 거부하고 훨씬 더 많은 원소가 사물을 이루고 있다고 생각했습니다. 그 주장의 근거로 인을 비롯한 여러 원소를 발견했답니다. 그렇지만 구체적인 원소의 목록을 나열하지는 못했어요. 그런데도 사람들이 나를 현대 원소설의 창시자라고 부르는 이유는 내가 원소에 대한 현대적 정의를 내렸기 때문입니다.

나는 원소는 더 이상 분해되지 않는 물질을 이루는 기본 성분이고, 이 원소들은 같은 종류의 최종입자로 이루어져 있고 화학반응은 이 원소들의 재배열과정이라고 생각했지요.

예를 들어 돌멩이의 한 부분을 눌렀을 때 부피가 줄어드나요? 그렇지 않죠. 그럼 풍선은 어떤가요? 돌멩이와는 다르게 부피에 변화가 생기지요. 이는 돌멩이는 고체 상태의 물질이지만 풍선은 속에 기체 상태의 물질인 공기가 들어있는데 공기와 같은 기체는 외부에서 작용하는 압력이 커지면 부피가 줄어드는 성질이 있답니다. 이처럼 압력에 따른 부피의 변화를 '보일의 법칙'이라고 부른답니다. 이는 내가 1662년에 저술한 『공기의 탄력과 무게에 관한 학설의 옹호』에서 공기 펌프를 만들어 대기 입자의 존재로 인해 공기가 탄력을 가짐을 설명하며 보일의 법칙을 정립했기 때문이지요.
이제 보일의 법칙이 어떻게 발견되었는가 알아볼까요?

아리스토텔레스를 지지하는 과학자들은 물질이 없는 상태인 진공을 만드는 것이 불가능하다고 믿었답니다. 하지만 17세기에 토리첼리는 길이가 1미터인 유리관에 수은을 가득 채워 그것을 수은이 가득 담긴 통에 거꾸로 세우는 실험을 했지요. 그 결과 수은은 76센티미터 높이까지 내려왔고 수은 위쪽 24센티미터 부분은 아무것도 없는 진공 상태가 되었답니다. 이로써 토리첼리는 처음으로 진공을 만드는 데 성공

한 것입니다.

그 후 괴리케는 유리관에서 공기를 빼내 진공 상태를 만들 수 있는 진공펌프를 발명하여 진공 속에서는 불꽃이 꺼지고 소리가 들리지 않는다는 것을 알아냈답니다.

그 결과를 바탕으로 나는 1655년부터 1668년까지 옥스퍼드 대학에 있는 동안 조수인 후크와 함께 괴리케의 진공펌프보다 훨씬 개선된 진공펌프를 만들어 진공에 관한 많은 실험을 했습니다. 나는 진공 용기 속에 공기를 채우고 압력을 다르게 할 때 기체의 부피 변화를 관찰했지요. 실험 결과 압력이 작을 때는 기체가 팽창하여 부피가 커지고, 압력이 점점 커질수록 기체가 압축되어 부피가 작아졌습니다. 나는 이때 기체에 작용한 압력과 기체의 부피를 정확히 측정한 결과 두 양 사이에는 반비례 관계가 성립한다는 것을 알아냈답니다. 이것이 유명한 보일의 법칙입니다. 이것을 식으로 쓰면 다음과 같습니다.

(기체에 작용한 압력) × (기체의 부피) = (일정)

나는 용기 안에 갇혀 있는 기체들은 서로 충돌하면서 일정한 공간을 확보하면서 일정한 부피를 유지한다고 생각했지요. 이런 용기에 외부에서 압력이 작용하면 기체들 사이의 간격이 좁아지지만, 이에 따라 충돌이 더 많아져 무한히 좁아지지는 않고 충돌에 의한 반발 압력과 외부에서 작용한 압력이 같아질 때까지 기체의 부피가 줄어들 것으로 생각했답니다. 그러므로 기체는 외부 압력을 받아 이러한 평형에 도달할 때까지 부피가 줄어들지만, 그 이하로는 더 이상 줄어들지 않고 일정한 부피를 유지한다는 결론을 내리게 되었답니다.

사진: Public domain https://www.pinterest.co.kr/
https://ko.wikipedia.org/

낙하 거리를 시간의 함수로 나타내는 방법

갈리리, 2022년(부산 포엠 초등학교)

요약

이 연구에서 우리는 낙하 거리를 시간의 함수로 나타내는 방법을 연구한다.

1. 서론

중력은 지구가 물체를 잡아당기는 힘을 말한다. 이 힘 때문에 물체는 땅으로 낙하한다. 중력에 의해 물체가 낙하하는 경우 물체가 점점 빨라진다는 것을 갈릴레이[1]가 알아냈다. 갈릴레이는 물체가 낙하한 후 시간이 t(초)만큼 경과했을 때 물체의 속력을 $v(t)$라고 하면

$v(t) = 10t$ \hfill (1)

가 된다는 것을 알아냈다. 이것을 낙하 속도에 대한 갈릴레이의 낙하 법칙이라고 부른다.

본 연구에서는 이렇게 시간에 따라 속력이 달라지는 경우 낙하한 거리와 시간과의 관계를 찾아보려고 한다.

2. 낙하 법칙

낙하 후 1초 후를 보자. 이때

(1초 후 속도) = 10m/s

가 된다. 낙하 후 2초 후를 보자. 이때

(2초 후 속도) = 2 × 10m/s = 20m/s

가 된다.

같은 방법으로 3초 후, 4초 후의 속도를 구해보면

(3초 후 속도) = 3 × 10m/s = 30m/s
(4초 후 속도) = 4 × 10m/s = 40m/s

이제 매초 낙하한 거리를 찾아보자. 먼저 0초와 1초 사이를 보자.

이 시간 동안 물체는 점점 빨라진다. 즉 물체의 속력이 변한다. 이때는 0초 때의 속력과 1초 때의 속력의 평균을 택해 그 속력을 평균속력이라고 하자. 이때

(거리) = (평균속력) × (시간)　　　　　　　　　　　(2)

에서 시간은 1초이고,

$$(\text{평균속력}) = \frac{(\text{0초때 속력}) + (\text{1초때 속력})}{2} \quad (3)$$

가 된다. 0초 때의 속도가 0이므로

$$(\text{평균속력}) = \frac{1}{2} \times (\text{1초때 속력}) \quad (4)$$

이다. 식 (4)를 식 (2)에 넣으면

$$(\text{1초 동안 낙하한 거리}) = \frac{1}{2} \times (\text{1초때 속력}) \times 1\text{초}$$

이고,

(1초 후 속력) = 10m/s

이므로

$$(\text{1초 동안 낙하한 거리}) = \frac{1}{2} \times 10 \times 1 (\text{m})$$

가 된다.

이번에는 0초와 2초 사이를 보자. 이 시간 동안도 물체는 점점 빨라진다. 0초 때의 속력과 1초 때의 속력 평균을 평균속력으로 두자. 0초 때의 속력이 0이므로

(평균속력) = $\frac{1}{2}$ × (2초때 속력)

이다. 그러므로

(2초 동안 낙하한 거리) = $\frac{1}{2}$ × (2초때 속력) × 2(m)

이고 (2초 후 속력) = 2 × 10m/s

이므로

(2초 동안 낙하한 거리) = $\frac{1}{2}$ × 10 × 2 × 2(m)

가 된다.

같은 방법으로 3초 동안 낙하한 거리는

(3초 동안 낙하한 거리) = $\frac{1}{2}$ × 10 × 3 × 3(m)

이 사실로부터 시간 t(초) 동안 낙하한 거리를 s라고 하면

$$s = 5t^2$$

이라는 함수 관계가 나타난다.

1초, 2초, 3초 동안 낙하한 거리의 비를 구하면 다음과 같다.

$$\frac{1}{2} \times 10 \times 1 \times 1 : \frac{1}{2} \times 10 \times 2 \times 2 : \frac{1}{2} \times 10 \times 3 \times 3$$

$$= 1 \times 1 : 2 \times 2 : 3 \times 3$$

$$= 1 : 4 : 9$$

이것이 유명한 갈릴레이의 낙하 법칙이다.

3. 결론

이 논문에서 나는 속력이 변하는 낙하운동에서 두 속력의 평균을 이용해 갈릴레이의 낙하 법칙을 증명했다. 낙하하는 물체의 속력은 시간에 대한 일차함수로 낙하한 거리는 시간에 대한 이차함수가 된다는 것도 알아냈다.

참고문헌

[1] 갈릴레이, 『새로운 두 과학과의 대화』, (1638년)

GAME 1 개념 정리 QUIZ 정답

1. $y = 10x$

2. $y = 3x$

3. $6y = x$이므로 양변을 6으로 나누면 다음과 같다.
   $y = \dfrac{1}{6}x$

GAME 2 개념 정리 QUIZ 정답

1. ③

    $xy = a$의 꼴을 찾으면 된다.

2. $\frac{1}{2}xy = 100$ 또는 $xy = 200$

3. $\frac{120}{x} = y$

GAME 3 개념 정리 QUIZ 정답

1. 양초의 길이가 1분에 0.5cm 줄어들면 x분 동안 $0.5x$cm 줄어든다.
   (남은 길이)=(처음 길이)-(줄어든 길이) 이므로
   $y = 20 - 0.5x$

2. ①
   배수는 무한히 많이 생기므로 함수가 아니다.

3. 택시요금은 1,300원을 기본으로 하며 1km 갈 때마다 100원씩 올라가므로 다음과 같이 표를 완성할 수 있다.

거리(km)	0	1	2	3	4
요금(원)	1300	1400	1500	1600	1700

GAME 4 개념 정리 QUIZ 정답

1. 12

2. 2

3. 0

GAME 5 개념 정리 QUIZ 정답

1. 27°C

2. 122°F

3. 140°C

GAME 6 개념 정리 QUIZ 정답

1. $\frac{1}{10}$배

2. 5배

3. $2 \times V$

수학 교과서 속 용어 정리 & 찾아보기

[정비례] 33쪽, 35쪽, 37쪽, 61쪽, 107쪽, 110쪽

두 양의 어떤 값을 x, y로 뒀을 때 어떤 값 x가 2배, 3배, 4배, ……로 늘어날 때 다른 값 y도 2배, 3배, 4배, ……로 늘어나는 관계를 말한다. 우리 주변에서 살펴보면, 한 개에 100원인 연필을 한 자루 살 때마다 연필값이 늘어나는 것을 예로 들 수 있다. 연필값은 연필 한 개 값과 연필 수를 곱한 값과 같기 때문이다. 이처럼 일정한 비율로 늘어나는 것이 정비례이다.

[반비례] 47쪽, 49쪽, 51쪽, 61쪽, 107쪽, 119쪽

두 양의 어떤 값을 x, y로 뒀을 때 어떤 값 x가 2배, 3배, 4배, ……로 늘어날 때 다른 값 y는 $\frac{1}{2}$배, $\frac{1}{3}$배, $\frac{1}{4}$배, ……로 변하는 관계에 있을 때 y는 x에 반비례한다고 말한다.

[비례상수] 33쪽, 35쪽, 37쪽, 47쪽, 50쪽, 63쪽

비교하는 두 양을 x, y로 두고 두 양이 정비례할 때, $y=2x$, $y=3x$, $y=4x$ …… 등으로 나타낼 수 있고 여기서 일정한 값 2, 3, 4……를 정비례의 비례상수라고 한다.

수학 교과서 속 용어 정리 & 찾아보기

[집합]　　　　　　　　　　　　　　　　　　　67쪽, 69쪽

주어진 어떤 조건에 따라 조건에 맞는 대상을 분명하게 알 수 있는 것들의 모임을 말한다. 집합은 기호{ }를 사용해 나타낸다. 집합을 이루고 있는 대상 하나하나는 '원소'라고 한다. 예를 들어 10보다 작은 3의 배수의 집합은 {3, 6, 9}로 나타내고, 여기서 3, 6, 9는 이 집합의 원소이다.

[함수]　　　　　　　　　　　61쪽, 84쪽, 95쪽, 97쪽, 121쪽

함수(函數, function)는 수학에서 두 개의 집합이 있을 때 한 집합에서 다른 집합에 대한 특별한 관계를 설명하는 논리적 개념을 말한다. 여기서 특별한 관계란 일정한 조건을 만족해 대응해야 함수라고 할 수 있기 때문이다. 예를 들어 남자 3명인 집합과 여자 3명인 각각의 집합에서 2인 1조의 남녀 댄스팀을 만들어야 하고 이때 손가락 집게를 사용해서 남자가 먼저 여자를 선택하도록 하는 것이다. 이때 지켜야 할 규칙은 손가락 집게로 선택된 여자는 반드시 남자를 선택해야 하는 것이다. 이런 관계가 성립할 때를 함수라고 할 수 있다.

[원소]　　　　　　　　　　　　　　　　　68쪽, 72쪽, 116쪽

집합을 구성하는 각 개체를 말한다.

수학 교과서 속 용어 정리 & 찾아보기

[정의역, 공역] 69쪽, 72쪽, 73쪽

두 집합 X, Y에 대하여 X의 임의의 원소가 Y의 오직 한 원소에 대응될 때, 이러한 관계를 함수라고 하는데. 이때 X를 이 함수의 '정의역'이라 하고 Y를 이 함수의 공역이라고 한다.

[감소함수] 65쪽

함수 $f(x)$에서 변량 x가 증가할 때 함숫값 $f(x)$가 감소하는 것을 말한다.

[치역] 69쪽, 72쪽, 73쪽

함수가 취하는 값 전체의 집합을 일컫는다.

[이차함수] 83쪽, 85쪽, 99쪽, 125쪽

함수를 나타내는 식이 이차식인 함수를 말하며 $y = ax^2 + bx + c (a \neq 0)$의 식으로 나타낸다.

수학 교과서 속 용어 정리 & 찾아보기

[단사함수, 전사함수, 전단사함수] 71쪽, 73쪽

함수 $f: X \to Y$에서 치역의 원소마다 정의역의 오직 하나의 원소만이 관계를 가질 때, f를 단사함수라고 한다. 또 집합 X에서 Y로의 함수 $f: X \to Y$에서 f의 치역인 $f(X)$가 공역인 Y와 일치할 때, 즉 $f(X) = Y$일 때 함수 f를 전사함수라 한다. 그리고 두 집합 사이를 중복 없이 모두 일대일로 대응시키는 함수를 전단사함수라 한다.

[카를 프리드리히 가우스](Carl Friedrich Gauss, 1777-1855) 85쪽

독일의 수학자로 독일 브룬스비크에서 노동자의 아들로 태어났다. 열 살이 되었을 때 1부터 100까지를 더하는 문제를 푸는데 다른 사람들처럼 순서대로 더하는 방법을 쓰지 않고 1과 100, 2와 99 등 두 수를 서로 짝지어 50개의 101을 만들어 푸는 공식을 만들어 푸는 등 어린 시절부터 천재 수학자로 이름을 날렸다. 고등학교 때는 수의 성질을 연구하는 정수론과 최소제곱법 등으로 자신만의 독특한 수학적 업적도 올렸다. 괴팅겐대학 시절에는 2000년 동안 아무도 풀지 못했던 정십칠각형 작도법을 풀어내서 수학계 전체를 깜짝 놀라게도 했다. 수리물리학으로부터 독립된 순수수학의 길을 개척하여 근대수학을 확립한 가우스는 19세기 최대의 수학자라고 일컬어진다.

수학 교과서 속 용어 정리 & 찾아보기

[가우스 함수] 85쪽, 87쪽

이 함수는 수학자 카를 프리드리히 가우스의 이름을 따서 지어졌다. [3.4]=3은 3.4보다 크지 않은 가장 큰 정수로 정의된다.

[돌베어 법칙] 95쪽

미국의 과학자 돌베어(Amos Emerson Dolbear 1837-1910)가 발견한 것으로 귀뚜라미의 울음 횟수로 온도를 알 수 있는 법칙이다. 이를 공식으로 나타내면 다음과 같다.

섭씨온도=(25초간 귀뚜라미가 우는 횟수÷3)+4

돌베어는 귀뚜라미가 25초 동안 몇 번 우는지 센 다음 3으로 나누고 4를 더해 섭씨온도를 계산하는 방정식을 만들었다. 이는 귀뚜라미의 활동성이 외부온도에 따라 달라지는 특성에 의한 것으로 온도가 낮을수록 울음소리를 반복하는 속도가 늦어지는 데 기인한 것이다.

수학 교과서 속 용어 정리 & 찾아보기

[섭씨온도, 화씨온도] 97쪽

섭씨온도와 화씨온도는 온도에 따른 물의 상태변화를 나타낸 것을 말한다. 섭씨온도는 '℃'로 표기하며 물의 끓는점을 100℃, 물의 어는점을 0℃로 해 끓는점과 어는점 사이를 100등분으로 나눈 온도 단위이며, 화씨온도는 '℉'로 표기하며 물의 끓는점을 212℉, 물의 어는점을 32℉로 하고, 그 사이를 180등분으로 나눈 온도 단위이다. 끓는점과 어는점을 180등분 해 섭씨온도보다 더 자세한 온도측정이 가능하다. 전 세계적으로 볼 때 미국 등 일부 국가에서는 화씨온도를 사용하지만 대부분 나라에서는 섭씨온도를 사용한다.

[보일의 법칙] 107쪽, 118쪽

기체의 온도가 일정하게 유지될 때 밀폐된 기체의 압력 P와 부피 V는 반비례한다는 법칙으로, 영국의 물리학자인 보일(R. Boyle, 1627-1691)이 발견하였다. 이 법칙은 간단하게 아래의 식으로 표현된다.

$$PV = k$$

보일은 진공 상태로 만들 수 있는 공기 펌프를 직접 제작해 공기의 물리적인 성질을 연구했다. 공기는 일정한 모양을 갖지 않아 액체보다 부피가 많이 늘어나거나 줄어드는 성질을 이용해 같은 온도일 때 한쪽 끝이 막혀 있고 공기가 수은에 의해 갇혀 있는 관에 1의 힘으로 눌렀을 때의 부피와 처음의 2배의 힘으로 눌렀을 때 부피가 반으로 줄어

수학 교과서 속 용어 정리 & 찾아보기

드는 것을 확인, 3배의 힘일 때 1/3으로, 4배의 힘일 때 1/4임을 실험을 통해 증명해 보였다.

[샤를의 법칙] 114쪽

기체의 부피가 기체의 온도에 비례한다는 법칙으로, 프랑스의 과학자인 샤를(J. Charles, 1746-1823)이 발견하였다. 이는 압력이 일정할 때 기체의 부피는 종류에 상관없이 온도가 1℃ 올라갈 때마다 0℃일 때 부피의 1/273씩 증가한다는 것으로 기체팽창의 법칙이라고도 한다.

[허블의 법칙] 108쪽, 111쪽

은하가 지구로부터 멀어져가는 속도가 지구로부터 거리에 비례하여 커진다는 법칙으로 약 10년간의 관측 끝에 1929년 허블(E. Hubble, 1889-1953)이 발견했다. 허블은 윌슨 천문대 연구원으로 있으면서 성운 속에서 세페이드변광성을 발견하고 주기-광도 관계를 기초로 해 그 거리를 측정한 결과 우리 은하계 밖에 있다는 것을 확인했고, 소용돌이 성운이 외부 은하임을 입증하며 외부 은하 연구를 시작했다. 허블 법칙은 여러 관측자료를 통해 거의 모든 은하들이 적색편이를 갖는다는 것을 알아내고 먼 은하들에 대해 가장 밝은 별은 같은 절대광도를 갖고, 은

수학 교과서 속 용어 정리 & 찾아보기

하들의 평균광도는 같다는 등의 여러 가설을 거쳐 거리를 결정했다. 그래서 거리와 적색편이에 대한 관계를 얻은 후 발표한 결과이다.

$V = Hr$

이 결과에서 중요한 것이 바로 은하의 거리와 후퇴 속도가 비례한다는 것이었다. 위의 식에서 는 적색편이로 측정한 후퇴 속도이고 은 은하까지의 거리를 의미한다. 여기서 H가 비례상수인 '허블 상수'이다. 허블 상수는 천체의 후퇴 속도를 지구에서 그 천체까지의 거리로 나눈 값을 말한다.

[광년] 110쪽

빛이 진공 속에서 1년 동안 움직인 거리이다. 광년은 천체 사이의 거리를 잴 때 사용하는 단위이다. 현재는 약 70km/s/Mpc가 주로 쓰이고 있다. 즉, 1메가파섹(Mpc, 326만 광년) 떨어진 은하는 지구에서 초속 70km, 0.000016광년 떨어진 태양은 지구에서 초속 0.0003mm로 멀어지고 있는 것을 나타낸다.

중학교에서도 통하는 초등수학
개념 잡는 수학툰
⑬ 정비례와 반비례에서 우주 팽창과 보일의 법칙까지

ⓒ 정완상, 2022

초판 1쇄 인쇄 2022년 1월 11일
초판 1쇄 발행 2023년 1월 25일

지은이	정완상
그림	김연주
펴낸이	이성림
펴낸곳	성림북스
책임편집	홍지은
디자인	쏘울기획
출판등록	2014년 9월 3일 제25100-2014-000054호
주소	서울시 은평구 연서로3길 12-8, 502
대표전화	02-356-5762
팩스	02-356-5769
이메일	sunglimonebooks@naver.com
ISBN	979-11-88762-88-0 (74410)
	979-11-88762-21-7 (set)

* 책값은 뒤표지에 있습니다.
* 이 책의 판권은 지은이와 성림북스에 있습니다.
* 이 책의 내용 전부 또는 일부를 재사용하려면 반드시 양측의 서면 동의를 받아야 합니다.